Kinderängste – was Eltern wissen müssen

Für meine Großmutter, E. Solscher
*(Schimmelmann)*

Prof. Dr. Michael Schulte-Markwort/
Benno Graf Schimmelmann

# Kinderängste
## was Eltern wissen müssen

Ursachen erkennen
Auslöser beseitigen
Selbstvertrauen stärken
Mit Fallbeispielen

MIDENA

**Die Autoren:** Prof. Dr. Michael Schulte-Markwort und Benno Graf Schimmelmann arbeiten in der Abteilung für Kinder- und Jugendpsychiatrie des Universitätskrankenhauses Eppendorf.

**Hinweis:** Die Inhalte des vorliegenden Ratgebers sind sorgfältig recherchiert und erarbeitet. Dennoch kann aus rechtlichen Gründen weder von den Autoren noch vom Verlag eine Haftung oder Gewähr übernommen werden.

Die Deutsche Bibliothek – CIP-Einheitsaufnahme

**Schulte-Markwort, Michael:**
Kinderängste – was Eltern wissen müssen: Ursachen erkennen, Auslöser beseitigen, Selbstvertrauen stärken, mit Fallbeispielen. / Michael Schulte-Markwort.
– Augsburg : Midena, 1999
ISBN 3-310-00415-5

Midena Verlag, Augsburg
© 1999 Weltbild Verlag GmbH, Augsburg
Alle Rechte vorbehalten

Redaktion: Jeanette Stark-Städele, Aulendorf
Lektorat: Franz Leipold
Fotos: Heidi Velten, Isny
Umschlaggestaltung: S/L Kommunikation
Umschlagfotos: TCL/Bavaria
Druck und Bindung: Franz Spiegel Buch GmbH, Ulm

Printed in Germany

ISBN 3-310-00415-5

## Angststörungen

# Vorwort

■ Ein ängstliches Kind hinterläßt ein eindringliches Bild. Jeder, der ein solches Kind erlebt, fühlt sich intensiv aufgefordert, die Angst zu lindern, das Kind zu trösten und ihm nach Möglichkeit zu helfen, nicht wieder in diese ängstigenden Situationen zu kommen. Gleichwohl ist jeder, der mit Kindern zu tun hat – Eltern, Lehrerinnen, Psychologen und Ärztinnen* –, jeden Tag damit konfrontiert, denn Angst im Kindes- und Jugendalter ist ein weit verbreitetes und in manchen Bereichen auch normales Phänomen.

Durch die Medien geistern immer wieder sehr unterschiedliche Angaben über die Häufigkeiten und vor allem über eine mögliche Zunahme von Angststörungen im Kindes- und Jugendalter. Hier besteht viel Unklarheit. Wir verfolgen mit unserem Buch insbesondere zwei Ziele:

1. Wir wollen Eltern und Lehrern Hilfen an die Hand geben, mit denen sie die normale, tägliche Angst von Kindern und Jugendlichen besser verstehen und mildern können – ohne daß sie der Ideologie verfallen, sie müßten eine angstfreie Welt schaffen.
2. Wir möchten den immer wieder irreführenden Informationen über eine erschreckende Zunahme von Angststörungen im Kindes- und Jugendalter durch sachliche Information zu Diagnostik und Behandlung entgegentreten.

Unser Hauptaugenmerk liegt dabei auf dem Versuch, ein möglichst umfassendes Bild zur Entstehung, Bedeutung, Diagnostik und Behandlung, aber auch vor allem zum Verstehen von Angst und Angststörungen in der Entwicklung von Kindern und Jugendlichen zu zeichnen. Jeder betroffene Elternteil und jeder interessierte Lehrer wird dieses Buch dann am besten verstehen können, wenn er es nicht nur mit seinem Verstand zu lesen versucht.

Hamburg, im Herbst 1998
Die Autoren

* Die Aussagen beziehen sich auf beide Geschlechter; diese sind aber nicht immer genannt, um ständige Verdopplungen (z.B. Ärztinnen und Ärzte) zu vermeiden.

# Einleitung

■ Unsere Kinder sollen eine unbeschwerte Kindheit erleben. Wir wünschen uns, daß sie sich angstfrei zu selbstsicheren Erwachsenen entwickeln.

Doch dieses Bild einer heilen Welt stimmt nicht. Da steht der Zweijährige nachts immer wieder am Elternbett und weint, weil er sich im Dunkeln allein fürchtet. Da traut sich die Siebenjährige einfach nicht mehr in die Sportgruppe, weil sie von ihren Freundinnen immer gehänselt wird. Und der Zwölfjährige hat regelmäßig am Montagmorgen unerträgliche Bauchschmerzen. Was hat das zu bedeuten? Worunter leidet das Kind tatsächlich? Sind sogar seelische Schäden zu befürchten? Haben die Eltern in der Erziehung etwas falsch gemacht? Oder »stellt sich das Kind einfach an«?

Diese Fragen verunsichern die Eltern. Wer weiß beispielsweise schon, ob die Angst vor Gespenstern in einem bestimmten Alter einfach »normal« ist oder ob das Kind vielleicht Schlimmes erlebt hat? Oder ob die Bauchschmerzen tatsächlich Ausdruck einer tiefsitzenden Trennungsangst sind?

Bei diesen Fragen möchte der Ratgeber Unterstützung bieten, denn Ängste gehören zum Leben, auch zum Kinderleben. Sie schützen vor Gefahren und treiben die Entwicklung des Kindes voran. Angst muß also auch sein – aber in Maßen.

Die Eltern erfahren in diesem Buch, welche Funktion die Angst für unser aller Leben hat und warum sie in der Entwicklung des Kindes immer wieder auftritt. Die Zusammenhänge zwischen seelischer und körperlicher Entwicklung und dem Auftreten spezifischer Ängste werden aufgezeigt. Die Eltern erfahren, wie sie sensibel für die Probleme ihres Kindes werden und wie sie ihm gezielt helfen können.

Darüber hinaus informiert das Buch, wo die Grenzen zwischen dieser »normalen« Angst und krankhafter Angst, den Angststörungen, liegen. Auch diese Angststörungen werden ausführlich beschrieben, damit die Eltern wissen, wann professionelle Hilfe erforderlich ist und welche Behandlungsmöglichkeiten zur Wahl stehen.

# Was ist Angst?

■ Ängste kennen wir alle. Wer hatte nicht schon einmal eine Gänsehaut beim Geräusch des Zahnarztbohrers? Oder feuchte Hände vor einer wichtigen Konferenz? Oder Panik beim Blick in die Tiefe? Angst gehört zum Leben wie Freude, Trauer oder Liebe.

Doch machen wir uns zunächst einmal bewußt, was Angst eigentlich ist, und warum wir ohne Ängste gar nicht leben könnten. Betrachten wir kurz die allgemein gültigen Grundlagen und Definitionen der Angst. Sie gelten für jeden Menschen, also für Kinder und Erwachsene gleichermaßen. Deshalb wird in diesem Kapitel auch nicht nur von Kindern, sondern von Menschen allgemein gesprochen. Kinder und Jugendliche sind dabei immer mit eingeschlossen.

## Angst gehört zum Leben

Soweit wir wissen, kennen alle Geschöpfe dieser Erde das Gefühl der Angst. Angst ist ein psychisches Signal; sie vermittelt dem jeweiligen Lebewesen, daß es sich beispielsweise in Gefahr befindet, also von außen bedroht wird. Grundsätzlich gilt dies auch für Menschen. Allerdings gibt es einen wichtigen Unterschied: Wir Menschen können auch aus inneren, d.h. seelischen Gründen (z.B. Angst vor der eigenen Wut) Angst bekommen (siehe Seite 25ff.). (Bei Tieren wissen wir das nicht so genau – zumindest bei den meisten nicht.)

> Angst ist eine angeborene Reaktionsweise – jeder Mensch hat Angst.

Liegen äußere Gründe vor, ist die Angstreaktion einfach zu verstehen: Wir werden mit einer ungewohnten und unter Umständen gefährlichen Situation konfrontiert und reagieren mit Angst. Diese Angst signalisiert uns, jetzt vorsichtig sein, zu warten oder die Flucht zu ergreifen.

Angst ist also ein allgemein-menschliches Phänomen. Auch wenn viele Menschen vertreten, daß Angst etwas Außergewöhnliches sei, und viele behaupten, sie hätten keine Angst, so lassen sich Anzeichen der Angst bei allen Menschen nachweisen. Jeder

Mensch hat Angst, und jeder Mensch braucht Angst. Angst ist wie eine innere Warnanlage, die uns signalisiert: Vorsicht, es könnte etwas Bedrohliches geschehen. Ohne Angstgefühl wären wir schon längst in ein Auto gerannt oder beim Wandern an einem gefährlichen Abhang ohne Sicherung abgestürzt. Oder wir hätten uns in der Beziehung zu anderen Menschen Situationen ausgesetzt, die uns nicht guttun, wie zum Beispiel Demütigungen. Dieser Schutzmechanismus der Angst funktioniert vom Willen unabhängig. Jeder kennt die Rituale, mit denen er oder auch andere versuchen, gegen die eigene Angst anzugehen bzw. sie zu ignorieren: Wer im Dunkeln pfeift, wird dies selten tun, weil er besonders fröhlich ist.

Bei Kindern sollten wir also zunächst einmal froh darüber sein, wenn sie noch auf ihre instinktiven Ängste hören. Wer kennt nicht die Schilderungen von Eltern allzu draufgängerischer Kinder, die eben diese natürliche Angst nur unzureichend ausgebildet haben und in ständiger Unfallgefahr leben?

> *Ängste sind wie eine innere Warnanlage: sie schützen uns vor Gefahren.*

## Wie kann man Angst verstehen?

Angst kann sich auf vielfältige Weise äußern. Um diese verschiedenen Formen der Angst kennenzulernen, ist es hilfreich, bestimmte Fragen zu beantworten:

1. Wovor kann man Angst haben?
2. Haben Kinder andere Ängste als Erwachsene?
3. Warum sind manche Menschen ängstlicher als andere?
4. Viel Angst – wenig Angst: Wie kann man die Angststärke bestimmen?
5. Wie gehen Kinder und Erwachsene mit Angst um?

## Wovor kann man Angst haben?

Üblicherweise denkt man an Gefahren von außen, wenn man von Angst redet. Doch die »Bedrohung« kann auch vom eigenen Inneren ausgehen. Im Kapitel »Warum haben Kinder Angst?« (siehe

Seite 22ff.) werden Sie erfahren, daß alle Menschen nicht nur vor Gefahren von außen (z.B. vor Gewalt, Krieg, Prüfungen, unheimlichen neuen Situation) Angst haben, sondern auch vor Gefahren von innen. Dazu zählen die Angst vor der eigenen Wut, vor unermeßlicher Trauer oder vor Sexualität.

Kinder sind besonders mit diesen inneren Angstauslösern konfrontiert, da für sie all diese Gefühle zunächst noch neu und überwältigend sind. Einen Sonderfall für Erwachsene und insbesondere Kinder stellt die traumatische Angst (siehe Seite 97ff.) dar, die Folge einer traumatischen Erfahrung (Mißbrauch, Mißhandlung, Vernachlässigung) ist.

### Haben Kinder andere Ängste als Erwachsene?

Gerade bei Kinderängsten ist es manchmal gar nicht einfach, die Ursachen aufzuspüren. Ängste spielen bei Kindern eine zentrale Rolle und stellen Eltern oft vor Rätsel. Warum hat das Kind plötzlich – scheinbar über Nacht – Angst, ohne Licht einzuschlafen, obwohl es bisher sogar schon einmal abends allein blieb? Hat es etwas Schlimmes im Fernsehen gesehen? Oder will es einfach die Eltern unter Druck setzen?

*Kinder erleben ständig neue Situationen, die häufig Angst auslösen können.*

Die Ängste von Kindern spiegeln besonders häufig innere Konflikte wider, die mit der Entwicklung des Kindes in Zusammenhang stehen. Außerdem erlebt ein Kind ständig neue Situationen, schließlich kann es noch nicht auf eine lange »Lebenserfahrung« zurückblicken. Und Neues macht immer erst einmal Angst.

*Kinderängste spiegeln häufig innere Konflikte wider, die mit der Entwicklung zusammenhängen.*

Erinnern Sie sich daran, als Sie beispielsweise zum ersten Mal eine Rede halten mußten oder an die Angst vor dem ersten Tag in der neuen Firma? Diese ängstigenden neuen Situationen erleben Erwachsene möglicherweise nur noch selten. Für Kinder ist anfangs fast alles erst einmal neu! Dazu kommt die Entwicklung des Denkens und des Fühlens. Gerade diese Neuheiten »von innen« geben immer wieder Anlaß zu Ängsten. Um diese Ängste und Reaktionen zu verstehen, lesen Sie bitte im Kapitel »Entwicklungsbedingte Ängste« (siehe Seite 46ff.) nach, welche Entwicklungsphasen und Entwicklungsaufgaben ein Kind zu bewältigen hat und mit welchen Ängsten sie verbunden sind.

### Beachten Sie

**Angst ist etwas Normales. Sie tritt auf, wenn es zu unbekannten Situationen (z. B. Einschulung) oder zu neuen Gefühlen im Rahmen der Entwicklung (z. B. Fremdeln des Säuglings oder die erwachende Sexualität) kommt.**

## Warum sind manche Menschen ängstlicher als andere?

Ängste kennt jeder Mensch. Dennoch ist das Angstempfinden individuell sehr unterschiedlich ausgeprägt: Angst wird von jedem anders erlebt. Manche Menschen sehen ständig und überall Gefahren, während andere recht unbeschwert durchs Leben gehen. Bei dieser »Angstanfälligkeit« spielen verschiedene Faktoren zusammen: Sehr wesentlich ist zum einen das individuelle Temperament, aber auch die Erziehung spielt eine Rolle. Außerdem fragen sich

Eltern immer wieder, welchen Einfluß die Medien in diesem Punkt haben (siehe auch Seite 36f.).

## Viel Angst – wenig Angst: Wie kann man die Angststärke bestimmen?

Angst ist nicht gleich Angst. Der eine empfindet manchmal panische Angst, ein anderer hat gelegentlich nur mal ein flaues Gefühl im Magen. Doch immer sprechen wir von Angst. Wie kann man diese Unterschiede fassen?

### Angst und Furcht

*Furcht hat reale Ursachen und kann durch die Vernunft beeinflußt werden; Ängste dagegen sind oft irrational.*

Wir unterscheiden Angst und Furcht. Furcht ist die mildere Form der Angst, wobei zu berücksichtigen ist, daß im allgemeinen Sprachgebrauch mit beiden Begriffen häufig dasselbe gemeint ist. Medizinisch betrachtet ist Furcht als eine angemessene Gefühlsreaktion auf eine echte Bedrohung definiert. Sie ist immer bezogen auf ein reales Objekt bzw. auf die äußere Realität, und ihre Intensität ist der drohenden Gefahr angepaßt. Wenn der betroffene Mensch als Reaktion auf seine Furcht zweckmäßig und vernünftig handelt, sich zum Beispiel mit einer Vertrauensperson über seine Befürchtungen ausspricht, kann er seine Furcht überwinden.

Angst hingegen ist von der Gefühlsintensität viel stärker; es besteht ein fließender Übergang zu krankhafter Angst.

### Beachten Sie

Analog zum normalen Sprachgebrauch wird in den weiteren Kapiteln dieses Buches ebenfalls meistens von Angst die Rede sein, auch wenn damit mildere Formen gemeint sind. Grund dafür ist die Überlegung, daß Angst das eigentliche Phänomen ist, das wir mit dem Begriff der Furcht oft schon abzumildern versuchen, um das unangenehme Gefühl nicht benennen zu müssen.

## Krankhafte Angst

Krankhafte Angst ist eine überschießende und meistens länger anhaltende Gefühlsreaktion. Die Betroffenen leiden unter seelischen (das Angstgefühl selbst, Nervosität), körperlichen (Schwitzen, Übelkeit) und/oder sozialen (Rückzug von Freunden) Folgen der Angst. Sie ist oft weder durch den Willen noch durch Vernunft – auch nicht von außen durch unbeteiligte Personen – steuerbar. Steigert sich krankhafte Angst, dann spricht man von Panik, die meist in Form von Attacken auftritt und mit erheblichen körperlichen Symptomen (z.B. Herzrasen) einhergeht.

*Krankhafte Angst hält meist länger an und ist weder durch den Willen noch durch Vernunft steuerbar.*

## Panik

Zu häufigen panischen Situationen bei Kindern kommt es beispielsweise infolge einer Angst vor Tieren (Hunden) oder durch plötzliche Verlassenheitssituationen. Einer Paniksituation vor Hunden geht in der Regel die Erfahrung eines plötzlichen Bellens aus nächster Nähe oder einer anderen für das Kind ängstigenden Begegnung mit dem Tier voraus. Plötzliche Verlassenheitssituationen können im dichten Kaufhausgedränge oder auch in den ersten Tagen des Kindergartenbesuchs nach den Ferien auftreten.

In solchen Situationen ist es immer wichtig, das Kind sofort und wirksam zu entängstigen: Gehen Sie auf seine Angst ein und überlassen Sie es nicht hilflos der Situation. Auf keinen Fall darf man vermitteln, daß eigentlich kein Grund für eine Angst besteht.

### Stufen der »Angst«

Furcht ⇒ Angst ⇒ Krankhafte Angst ⇒ Panik

## Angst ist nicht »meßbar«

Angst erfahren, wie wir gesehen haben, alle Menschen. Doch die Intensität, das Erleben der Angst ist nicht eindeutig bestimmbar. Ein besonderes Problem der Psychologie, Psychiatrie und auch der

Kinder- und Jugendpsychiatrie liegt häufig in dem Umstand, daß die beobachteten Phänomene in der Regel nicht meßbar sind. Dies ist auch bei Furcht und Panik der Fall. Was ist beispielsweise eine »zweckmäßige und vernünftige« Reaktion eines Menschen auf wahrgenommene Furcht? Was ist eine reale Bedrohung, auf die jeder Mensch angemessen mit Furcht reagiert? Was ist »vernünftig«?

Es handelt sich bei diesen Definitionen und Normen häufig um Übereinkünfte und Konventionen von Fachleuten. Exakt »meßbar« oder eindeutig diagnostizierbar wie Fieber oder viele Krankheiten ist Angst – und auch krankhafte Angst – nicht.

*Wie sehr das Kind unter seinen Ängsten leidet, können die Eltern oft nur durch eigene Sensibilität einschätzen.*

Bei Kindern ist die Einschätzung häufig noch viel schwieriger, gilt es doch die spezifischen Entwicklungsängste sowie die Phantasie und Reife des jeweiligen Kindes zu berücksichtigen. Hier sind sehr viel Einfühlungsvermögen sowie die Beobachtung des Kindes in verschiedenen Situationen und Lebensbereichen wie auch über einen längeren Zeitraum hinweg erforderlich. Die verschiedenen Kriterien, mit denen man Angst bei Kindern und Jugendlichen beurteilen kann, sollen im folgenden weiter ausgeführt werden. In der Regel »wissen« die Eltern jedoch, wann ihr Kind Hilfe bei der Bewältigung seiner inneren Dämonen braucht. Wenn es sich nicht nur einmal, sondern immer wieder in bestimmten Situationen ängstlich verhält, wenn es insgesamt anhänglicher oder auch zurückgezogener ist oder immer wieder in Tränen ausbricht, werden die Eltern ihr Kind beobachten und bald den Ängsten ihres Kindes auf die Spur kommen (siehe Seite 43ff.).

## Wie gehen Kinder und Erwachsene mit Angst um?

Oft kann man seine Ängste klar äußern: Ich habe Angst vor diesem Hund. Ich habe Angst, in den Kindergarten zu gehen. Ich habe Angst vor dieser Prüfung.

Doch manchmal ist die Situation nicht so klar. Manchmal wird die Angst auch verleugnet. Eltern mögen sich fragen:

- »Warum behauptet mein Kind steif und fest, es habe keine Angst, obwohl sie doch so deutlich spürbar ist?«
- »Warum tut mein Kind so, als hätten die großen Jugendlichen, die es bedrohten, Angst gehabt, und nicht mein Kind selbst?«
- »Warum sagt der Kinderarzt, daß die Bauchschmerzen und die Stuhlverweigerung vielleicht etwas mit Trennungsangst zu tun haben könnten?«

*Beispiele für unbewußte Angst*

Lügt das Kind etwa? Macht es den Eltern etwas vor?

Die Antwort lautet: Nein, das Kind lügt nicht, sondern nimmt die Angst wirklich nicht wahr. In allen Beispielen ist dem Kind die Angst nicht bewußt. Im ersten Beispiel verleugnet das Kind die Angst. Im zweiten Beispiel projiziert es die Angst auf die Gruppe von Jugendlichen. Und im dritten Beispiel hat es die Angst vor der Trennung von der Mutter möglicherweise verdrängt.

Das klingt kompliziert – doch diese Mechanismen müssen wir kennen, wenn wir die Ängste unseres Kindes wirklich verstehen und dem Kind nachhaltig helfen wollen.

Die menschliche Seele verfügt also über Mechanismen, mit deren Hilfe wir unangenehme, zu heftige oder unerwünschte Gefühle nicht wahrnehmen müssen. Sie bleiben oder werden unbewußt. Diese seelischen Mechanismen heißen Abwehrmechanismen und sind das »seelische Werkzeug«, mit denen wir uns zum Beispiel vor »Überflutung« durch heftige Gefühle und Wünsche schützen können: eine Art »Immunsystem gegen unaushaltbare Gefühle«.

*Abwehrmechanismen schützen die Psyche vor allzu starken Gefühlen.*

Im Kapitel »Warum haben Kinder Angst?« (siehe Seite 22ff.) werden Sie erfahren, welche Abschwächungen und teilweise scheinbar zunächst unverständlichen Verwandlungen die Angst durch Abwehrmechanismen der Seele erfahren hat, bevor sie zu dem geäußerten »bewußten« Gefühl oder zu der Verhaltensweise wird, die Eltern am Kind direkt beobachten können.

Abgewehrte (z.B. verdrängte) Ängste sind nicht einfach weg!
Sie wirken im Inneren weiter und können zu auffälligen Verhaltensweisen führen.

Das Konzept dieser »unbewußten Ängste« und deren Auswirkun-
gen ist nicht einfach zu verstehen. Daher wird im folgenden noch
einmal näher darauf eingegangen.

### Unbewußte Ängste

*Kinder lernen mit zunehmendem Alter, Ängste zu verdrängen oder zu überwinden.*

Kleine Kinder leben ihre Angst noch aus. Doch mit zunehmendem
Alter erfahren sie, daß Angst haben eine unangenehme und keine
gefragte Eigenschaft ist. Denken wir nur an die »Mutproben«
Jugendlicher. Kinder »lernen« also allmählich, Ängste zu überwinden oder zu verdrängen.

Doch die Angst ist nicht einfach weg. Selbst wenn der Betroffene
sie gar nicht mehr selbst wahrnimmt, kann sie durchaus vorhanden sein. Angst wird verleugnet, insbesondere von Jungen und
Männern. Diese Verleugnung oder Verdrängung von Ängsten muß
nicht bewußt geschehen, sondern kann unbewußt ablaufen. Dennoch wird das Verhalten des Menschen von der Bewältigung der
Angst abhängen – auch wenn er sie nicht bemerkt oder auch, wenn
er behauptet, er hätte keine Angst.

Angst angemessen zu bewältigen bedeutet, daß der Mensch
sich seiner spezifischen Angst (z.B. Prüfungsangst) bewußt ist und
sich darauf einstellt, mit anderen darüber spricht oder sie auch in
der Prüfungssituation thematisiert. Die Angst kann aber auch der-
art bewältigt werden, daß sie verleugnet wird und der Betroffene
immer kurz vor Prüfungen krank wird.

Aber es geht nicht nur darum, daß Menschen ihre Angst verleugnen, verdrängen, nicht wahrnehmen oder wahrhaben wollen,

weil sie ihnen unangenehm ist. Die Angst kann innerseelisch so bedrohlich sein, daß der Vorgang des Verleugnens/Verdrängens selbst nicht wahrgenommen wird und unbewußt bleibt. Dies gilt auch für die Abwehrmechanismen der Verschiebung, der Projektion und der Sublimierung (siehe Seite 29).

Deshalb muß die subjektive Beschreibung eines Menschen – auch eines Kindes oder Jugendlichen –, er habe keine Angst, nichts über das tatsächliche innerseelische Ausmaß der Furcht oder der Angst aussagen.

**Fallbeispiel**

Der 12jährige Max wird in der Schule ständig in Schlägereien verwickelt. Darauf angesprochen, berichtet er immer wieder zornig, wie sehr er von den anderen provoziert und geärgert werde. Er selbst setze sich nur zur Wehr. Die anderen Mitschüler dagegen beschreiben alle, daß sie plötzlich und ohne erkennbaren Anlaß von Max angegriffen werden. Im Einzelgespräch mit dem »Schläger« wird sehr schnell deutlich, daß es sich bei ihm um einen äußerst selbstunsicheren und ängstlichen Jungen handelt, der einen neugierigen Blick anderer schon als Provokation auffaßt und sich dann in seinem subjektiven Erleben nur zur Wehr setzt. Max versucht damit, seine Angst, nichts wert zu sein, nichts zu gelten, nicht angenommen und anerkannt zu sein, in den Griff zu bekommen. So lebt er in dem Gefühl, die anderen hätten vor ihm Angst.

*Vorsicht: Nicht jede aggressive Handlung resultiert aus unbewußten inneren Ängsten!*

## Ein Blick in die Psychologie: Was ist das Unbewußte?

Ausgehend von der psychoanalytischen Lehre hat sich heute in vielen psychologischen Theorien die Annahme durchgesetzt, daß sich unsere Seele in verschiedene Bereiche (Instanzen) unterteilen läßt.

Eine Instanz ist das Ich, das, was wir erleben, wenn wir von »ich« sprechen oder wenn wir uns wahrnehmen und erleben, wenn wir uns zu einem Verhalten entschließen oder bestimmte Verhaltensweisen kontrollieren.

Davon grenzt man das Gewissen als eine Instanz ab, in der alle Regeln des eigenen Lebens, aber auch die des Zusammenlebens gespeichert werden. Braucht ein Kind anfangs dazu noch – altersabhängig – den korrigierenden Blick seiner Eltern, so werden die geschriebenen und ungeschriebenen Gesetze zunehmend verinnerlicht, bis man von jedem Menschen erwarten kann, daß er sich an die Regeln und Gesetze der Gesellschaft hält.

Die dritte Instanz ist der Bereich, der unseren kontrollierenden, bewußten Zugriff nicht ohne weiteres zuläßt. Das Unbewußte ist eben nicht bewußt. Hier sind alle die Impulse, Gefühle und vieles andere mehr aufgehoben, das sich mit unserem Bewußtsein nur schwer vereinbaren läßt. Allerdings geht es nicht nur um »gesetzeswidrige« Impulse, sondern auch um solche, die mit dem Ich und dem Gewissen nicht vereinbar sind.

In der »Freudschen Fehlleistung« äußert sich das Unbewußte.

Wenn ein Kind zum Beispiel heftig zurechtgewiesen wird und aufrichtig Besserung gelobt, dann aber aus Versehen eine Vase herunterwirft, so kann dies ein Ausdruck der unbewußten Aggression gewesen sein.

Wenn jemand einen anderen Menschen mit den Worten »auf Wiedersehen« freundlich begrüßt, so kann dies bedeuten, daß er den anderen lieber gleich wieder verabschieden würde. Dieses Phänomen ist als sogenannte »Freudsche Fehlleistung« allgemein bekannt.

### Das Unbewußte beeinflußt kindliche Verhaltensweisen

Im Zusammenhang mit kindlicher Angst ist ein Wissen um das Unbewußte insofern von Bedeutung, weil es sein kann, daß ein Kind bestimmte Verhaltensweisen unbewußt, aus seiner Angst heraus, entwickelt. So kann es vorkommen, daß ein Kind aufgrund übertriebener Leistungsanforderung durch seine Eltern unbewußt eine psychogene, d.h. psychisch verursachte Leistungshemmung entwickelt; diese kann sich so stark ausprägen, daß die Lehrer den Eindruck bekommen, das Kind sei lernbehindert. So entsteht ein Teufelskreis, aus dem das Kind allein nicht herausfinden kann.

## Fassen wir zusammen

- Angst ist ein »normales« Phänomen – alle Menschen haben Angst, also auch Kinder.
- Wir unterscheiden Furcht, Angst, krankhafte Angst und Panik.
- Angst kann von äußeren und inneren Faktoren ausgelöst werden.
- Viele Formen der Angst sind unbewußt.
- Die bewußte und wahrnehmbare Angst ist bereits das Ergebnis eines seelischen Prozesses (z. B. Abwehrmechanismen).

## Was Eltern tun können

- Machen Sie sich Ihre eigenen Ängste bewußt und bemühen Sie sich, zu diesen Ängsten zu stehen und sie nicht einfach zu verdrängen.
- Versuchen Sie zu verstehen, woher diese Ängste rühren.
- Lernen Sie zu akzeptieren, daß Ängste – in bestimmten Grenzen – zum Kindsein gehören.

# Warum haben Kinder Angst?

■ Die Frage, warum wir Menschen Angst als Gefühl kennen, ist letztlich nicht zu beantworten: Angst gehört zur menschlichen Grundausstattung. Von der Geburt bis zum Tod haben alle Menschen Angst. Die Hypothese, daß Angst eine Schutzfunktion hat und in der Evolution besonders die Lebewesen begünstigt wurden, die sich aufgrund ihrer Angstgefühle rechtzeitig vor gefährlichen Situationen in Sicherheit gebracht haben, ist nur eine mögliche Erklärung von vielen.

Für uns Menschen trifft diese biologische Hypothese sowieso nur begrenzt zu. Darüber hinaus kann die Angst als Abschreckung so wirksam nicht sein, wie die Tatsache zeigt, daß die Menschheit immer gefährlichere – und beängstigendere – Werkzeuge und Waffen geschaffen hat. Es sei denn, man versteht dieses Phänomen damit, daß viele Menschen von der eigenen Angst abzulenken versuchen, indem sie anderen Menschen Angst machen.

## Angst und Psyche

*Angst entsteht in der Seele des Menschen.* Eine wichtige Funktion spielt die Angst bei der Regulation psychischer Vorgänge. Dies bezieht sich vor allem auf den Bereich der Angst, der innerlich (siehe Seite 25ff.) ausgelöst wird. Dabei spielen in der Regel innere Impulse, Phantasien oder Gefühle eine entscheidende Rolle.

Unser Seelenleben ist so organisiert, daß es im Haushalt der Gefühle zu einem ständigen Austausch und Widerstreit von Emotionen kommt. Diese Vorgänge müssen nicht bewußt ablaufen. Das Resultat, das, was wir spüren, ist in der Regel immer schon das Ergebnis eines Kompromisses.

**Fallbeispiel** Diese Regulation funktioniert bereits bei Kindern: Michael hat sich beim gemeinsamen Sandburgbauen über seinen Spielkameraden so geärgert, daß er ihn am liebsten schlagen würde. Er weiß aber,

*Die Angst vor den Folgen hindert Michael, seinen Spielkameraden zu schlagen.*

daß dieses Verhalten nicht erlaubt ist, und hat Angst vor den Konsequenzen. Also schlägt er wütend auf den Sand ein und brüllt lauthals. Er hat einen sozial akzeptablen Kompromiß gefunden.

## Ängste haben vielerlei Ursachen

Wenn Angst also ein Ausdruck seelischer Zustände ist – welche inneren Vorgänge spielen sich dabei ab? Warum kommt es in bestimmten Altersphasen zu spezifischen Ängsten? Woher rühren die ganz typischen Kinderängste – vor dem Dunkeln, vor Geistern und Gespenstern, vor fremden Menschen oder vor dem Wasser? Warum ist das eine Kind so überaus ängstlich, traut sich überhaupt nicht von Mutters Rockzipfel, während das andere forsch und unbeirrt die Welt erkundet – am liebsten allein? Spielt hier neben der seelischen Entwicklung auch die Erziehung eine Rolle? Die Welt der Kinder wird immer unübersichtlicher, geht immer früher in die Erwachsenenwelt über. Die Kindheit verschwindet zunehmend – werden Kinder dadurch überfordert? Und welche Rolle spielen schließlich die Medien? Dieses Geflecht von Faktoren, die bei der Angst zusammenwirken, wollen wir in diesem Kapitel entwirren.

## *Äußere Angstauslöser: gefährliche Situationen*

Zwei Arten von Angstauslösern sind zu unterscheiden:
- Äußere Gründe
- Innere Gründe

Die realen äußeren Gründe sind in der Regel einfach zu erkennen: Dabei handelt es sich um nachvollziehbare Ereignisse, die sozusagen allen Kindern Angst machen können und teilweise auch sollten. Wir hatten eingangs auf die Schutzfunktion der Angst vor gefährlichen Situationen hingewiesen. Beispiele sind gefährliche Tiere oder der Straßenverkehr.

### Entwicklungsbedingte Ängste – äußere Angstauslöser

Bei der Bewertung vieler Angstauslöser in der Kindheit ist zusätzlich der Aspekt der Entwicklung zu berücksichtigen: Angst ist auch altersabhängig. Kinder haben vor anderen Dingen Angst als Jugendliche, und diese wiederum vor anderen Dingen als Erwachsene (siehe Seite 46ff.).

Für entwicklungsbedingte Ängste lassen sich äußere und innere Angstauslöser finden.

Auch für entwicklungsbedingte Ängste lassen sich sowohl äußere als auch innere Angstauslöser finden. Äußere Angstauslöser bei Kindern sind vor allem all die Erlebnisse, Tiere und Gegenstände, die sie noch nicht verstehen und verarbeiten können. Eltern kennen die Ängste ihrer Kinder, zum Beispiel vor Fremden, dem ersten Schultag, Wölfen oder Krokodilen.

Bei den äußeren Angstauslösern handelt es sich um Situationen, die das Kind mit seinem bisherigen Erfahrungsschatz noch nicht in Einklang bringen bzw. bewältigen kann. Es kennt die Tiere oder Situationen nicht und kann das Geschehen mit seinem Wissen nicht erklären. Es ist der Situation hilflos ausgeliefert und entwickelt Angst.

**Fallbeispiel** Mara ist das erste Mal mit ihren Eltern im Zirkus. Sie lacht über den Clown, der dummes Zeug macht. Doch plötzlich kippt die Situation: Pepe, der Freund des Clowns, spielt ihm einen Streich und hängt

Knaller an den Rock des Clowns. Der Popo des Clowns scheint zu brennen. Mara bekommt Panik, schreit, die Eltern müssen mit ihr die Vorstellung verlassen.

### Traumatische Erlebnisse

Besonders gravierend sind tiefe, anhaltende Ängste nach traumatischen Erlebnissen (Gewalt, sexueller Mißbrauch, Krieg und Katastrophen, Trennung oder Scheidung der Eltern, schwere familiäre Konflikte usw.). Manche Traumata sind so schwer, daß auch viel Liebe nicht ausreicht, eine Verarbeitung des Schreckens und damit eine normale weitere Entwicklung zu gewährleisten. In diesen schweren Fällen sollte grundsätzlich ein Fachmann zu Rate gezogen werden (siehe auch Seite 97ff.).

*Schwere traumatische Erlebnisse müssen vom Fachmann behandelt werden.*

**Wichtig**

Die äußeren Angstauslöser sind den Eltern meist gut bekannt; es sind die Dinge und Situationen, vor denen sie ihr Kind auch ständig warnen: »Vorsicht, Auto«, »Geh nicht mit Fremden mit« usw. Dies sind allerdings auch die Angstauslöser, bei denen die Angst – gleichsam gewollt – von den Erwachsenen gesetzt wird.

Entwicklungsbedingte äußere Auslöser sind neue, unklare Situationen oder Umgebungen, Tiere und vor allem Phantasiegestalten (Gespenster, Monster und anderes). Doch mindestens ebenso bedeutsam für das Erleben der Angst sind die inneren Angstauslöser.

## Innere Angstauslöser: die seelische Entwicklung

Alle Menschen kennen dies: Die eigenen heftigen Gefühle können einem angst machen. Der eine hat Angst vor seiner heftigen Wut, der andere vor übergroßer, lähmender Trauer, wiederum andere

Wenn das Kind neue Erfahrungen macht, erlebt es auch unbekannte Gefühle – das macht oft angst.

vor ihren sexuellen Wünschen. In diesen Fällen sind die Angstauslöser »innen«. Es sind Gefühle, Wünsche oder Impulse, deren Heftigkeit und vielleicht Unkontrollierbarkeit einem Angst machen. Kinder erleben ihre eigenen Gefühle noch in ganz besonders intensiver Weise.

### Entwicklungsbedingte Ängste – innere Angstauslöser

Im Rahmen der Entwicklung machen Kindern nicht nur neue Situationen angst, z.B. der erste Tag im Kindergarten, sondern insbesondere auch neue, differenziertere und heftigere Gefühle und Wünsche wie im folgenden Fallbeispiel von Kai.

**Fallbeispiel** Der vierjährige Kai entdeckt seine (wir nennen es ödipale) Liebe zu seiner Mutter. Er macht ihr Heiratsanträge und nimmt erstmals in seinem Leben seinen – auch geliebten – Vater als Rivalen wahr. Dieser Konflikt mit den nachfolgenden Gefühlen von Liebe und Aggression macht ihm große Angst. Den Eltern fällt auf, wie empfindlich Kai geworden ist. Bei jeder Kleinigkeit, bei jedem noch so kleinen »Nein« reagiert er mit extremer Trauer oder heftiger Aggression. Blieben die Eltern in diesem Fall immer nur bei den direkten Auslösern für das empfindliche Verhalten, so fänden sie keine Erklärung. Sie müßten einfach nur feststellen, daß die Frustrationstoleranz ihres Kindes sehr gering ist. Wissen sie aber um die Zusammenhänge, so kann etwa der Vater das Kind entängstigen, indem er ihm signalisiert, daß er es – trotz der Heiratsanträge an seine Frau – sehr liebt.

## Beachten Sie

Angst ist etwas Normales, die beispielsweise auftritt, wenn es zu neuen Gefühlen im Rahmen der Entwicklung kommt. Sie äußert sich dann oft nicht als Angst, sondern durch ein anderes auffälliges Verhalten. Auch dem Kind ist dabei nicht bewußt, daß es im Grunde Angst hat.

## Innerseelische Vorgänge bei der Entwicklung

Viele Phasen der psychischen Entwicklung sind durch Übergänge gekennzeichnet. Diese Schwellen sind in der Regel mit neuen, bis dahin unbekannten Gefühlen verbunden, die sehr schnell ängstigen können. Um sich weiter zu entwickeln, muß sich das Kind ständig neuen Herausforderungen stellen, neue Erfahrungen machen, erworbene Grenzen und Sicherheiten in Frage stellen und überwinden. Das macht immer wieder angst. Unter neuen seelischen Gefühlen ist zu verstehen, daß Kinder im Laufe ihrer Entwicklung zu immer differenzierteren Gefühlen in der Lage sind. Sie können Trauer, Wut, Liebe und anderes mehr nicht nur bei sich, sondern auch bei anderen in immer neuen Dimensionen wahrnehmen. Dies kann Kinder phasenweise verunsichern und zu auffälligem Verhalten führen. So kann ein Kind in der Grundschule durch sein neu entstandenes Einfühlungsvermögen beispielsweise eine Phase der Niedergeschlagenheit durchmachen, weil es »so viel Trauriges« bei anderen wahrnimmt. Oder ein Kindergartenkind kann sich, erschrocken über seine eigene Aggressionsfähigkeit, eine Zeitlang zurückziehen.

*Im Laufe ihrer Entwicklung sind Kinder zu immer differenzierteren Gefühlen fähig.*

Die Einfühlung in den aktuellen seelischen Zustand des Kindes mit den gerade aktuellen inneren Anforderungen erleichtert das Verstehen des kindlichen Verhaltens. Deshalb ist es so wichtig für die Eltern, die Entwicklungsphasen des Kindes zu kennen und zu verstehen.

## *Angst und Abwehr*

Du Angsthase! Dieses – nicht nur unter Kindern – weit verbreitete Schimpfwort gehört zu den schlimmsten Beleidigungen. Kinder erfahren von uns Erwachsenen sehr schnell, daß Angst etwas Unangenehmes ist, ein Makel, den man besser nicht haben sollte. Gibt es nicht viele Väter, die ihren Sohn einen Feigling nennen, wenn er sich nicht wagemutig ins kalte Wasser traut und mutig schwimmen lernen will? Und unter Kindern will man schon gar

*Weil Angst unangenehm ist, versuchen wir, sie gar nicht zuzulassen.*

nicht als Feigling gelten. Warum prägen wir unsere Kinder selbst in diese Richtung, meist sogar unbewußt? Warum wollen wir ihnen immer Mut machen, sie anfeuern, keine Angst zu haben? Eine Ursache ist sicherlich, daß für alle Menschen Angst ein unangenehmes Gefühl ist und zuviel Angst unsere Handlungsfähigkeit und bei Kindern die Entwicklung hemmt. Jeder Mensch wünscht sich Angstfreiheit – und weiß auch, daß es diesen Zustand nur begrenzt und kurzfristig geben kann. Deshalb unterliegt die Angst vielfach der psychischen Abwehr. Bevor wir überhaupt wahrnehmen, daß wir Angst haben, sorgen interseelische Prozesse und Mechanismen der Abwehr dafür, daß wir sie nicht oder nur in abgemilderter Form spüren (müssen).

## Die psychische Abwehr wirkt auf die Angst

### Viel Angst ⇒ Abwehr ⇒ wenig Angst

**Fallbeispiel**   Jan hat große Angst, in der Schule zu versagen. Er verringert unbewußt seine Angst, indem er »vergißt«, Hausaufgaben zu machen und zu lernen. Die Eltern verstehen dies überhaupt nicht, weil Jan sich dadurch ihrer Meinung nach erst eine Situation schafft, in der er versagen könnte. Sie können nicht verstehen, daß sich seine psychische Angst paradoxerweise verringert hat, weil er den ganzen Bereich »Lernen« aus seinem Leben drängt.

Abwehr ist im normalen Sprachgebrauch ein Begriff, der negativ belegt ist. Wer jemanden oder etwas abwehrt, unternimmt etwas Negatives. Im psychologischen Zusammenhang ist es anders gemeint: Jeder Mensch benötigt für sein seelisches Überleben Abwehrmechanismen, die dafür sorgen, daß unangenehme oder nicht auszuhaltende Gefühle oder Zustände sozusagen verändert werden, bevor wir sie bewußt wahrnehmen.

*Abwehrmechanismen sind für das seelische Überleben unverzichtbar.*

Ein Beispiel ist große Trauer: Wenn ein Kind einen wichtigen Menschen verloren hat und wenig später »vergißt«, daß es diesen

Menschen überhaupt gegeben hat, so liegt der Abwehrmechanismus der Verdrängung vor. Wenn dieses Kind behauptet, der Mensch sei gar nicht gestorben, so sprechen wir von Verleugnung. Es gibt noch eine Reihe anderer wichtiger Abwehrmechanismen, die Kinder (und auch Erwachsene) für ihr seelisches Überleben benötigen.

## Wichtige Abwehrmechanismen

- **Verschiebung:**
  Die Angst vor einem Gefühl oder vor einer bestimmten Vorstellung wird auf einen Menschen, ein Tier oder einen Gegenstand verlagert, vor dem Angst zu haben eigentlich nicht angemessen ist.
- **Verdrängung und Verleugnung:**
  Ein Gefühl oder eine Vorstellung wird in das Unbewußte verlagert oder völlig aus dem bewußtseinsfähigen Erleben ausgeschlossen.
- **Sublimierung:**
  Ein Gefühl oder eine Vorstellung wird in ein gesellschaftlich akzeptiertes Verhalten umgelenkt.
- **Rationalisierung und Intellektualisierung:**
  Ein Gefühl oder eine Vorstellung wird nachträglich durch Scheinmotive erklärt, die rational oder intellektuell wirken. Damit wird das Gefühl »handhabbarer«.
- **Projektion:**
  Ein eigenes Gefühl wird auf einen oder mehrere Menschen projiziert.

Ohne Abwehrmechanismen wären wir ähnlich lebensunfähig wie ohne die Abwehrkräfte des Immunsystems, die uns gegen Krankheitserreger helfen. Die Abwehrmechanismen sind sozusagen die psychischen Abwehrkräfte, die uns vor unaushaltbaren Gefühlen schützen.

## Wichtig

Angst und Abwehr – man könnte auch sagen: Angst und Regulationsversuch – sind zwei seelische Phänomene, die zusammengehören. Im Umgang mit Kindern ist das Wissen um diese Vorgänge sehr wichtig, weil es bedeutet, daß sich Eltern nicht ohne weiteres auf das verlassen können, was sie im Verhalten des Kindes sehen. Viel wichtiger ist oft zu erspüren, was hinter dem Verhalten des Kindes steckt.

**Fallbeispiel**

Sarah fürchtet, der Streit der Eltern könnte so schlimm werden, daß sie sich scheiden lassen. Äußerlich läßt sich Sarah nichts anmerken. Mutter hatte ja auch gesagt: »Ihr müßt jetzt tapfer sein.« Innerlich ist sie gequält von der Furcht, die Eltern als Paar zu verlieren; sie entwickelt Angstträume und massive Konzentrationsstörungen und reagiert gegenüber Gleichaltrigen aggressiv. Wirklich hilfreich für Sarah kann nur sein, ihre Befürchtungen anzusprechen und die familiären Konflikte angemessen einzubeziehen bzw. einen Therapeuten aufzusuchen. In der Realität wird sie vielleicht nur gescholten, weil sie nachts nicht schläft oder in der Schule nicht genügend aufpaßt. Im weiteren Verlauf können dadurch tiefgreifende seelische Störungen entstehen.

*Es gibt kein Verhalten, das nicht durch Angst hervorgerufen werden kann!*

So wichtig die Abwehrmechanismen für die Entwicklung des Kindes und das Überleben eines Menschen sind, so problematisch können die Folgen sein. Wie gesagt: Die abgewehrte Angst ist nicht weg! Sie äußert sich nur auf andere Weise. Sarah ist aggressiv geworden und hat Konzentrationsstörungen. Jan »vergißt«, Hausaufgaben zu machen und zu lernen.

In diesen Fällen wird sich das Verhalten nur schwer oder gar nicht beeinflussen lassen, solange nicht klar ist, daß im Grunde die Angst »behandelt« werden muß. So muß man bei allen Verhaltensauffälligkeiten eines Kindes prüfen, ob nicht eine tiefsitzende Angst zugrundeliegt.

## Ein wichtiger Abwehrmechanismus: die Verschiebung

Es wurde bereits erklärt, daß für entwicklungsbedingte Ängste innere und äußere Angstauslöser gefunden werden können. Nun existiert aber noch eine dritte Gruppe: Es handelt sich dabei scheinbar um äußerliche Angstauslöser, die aber im Normalfall nicht ängstigend sind. Durch »Verschiebung« wird dabei die innere Angst auf das äußere Objekt (Tier, Gegenstand) verlagert. Für diesen Vorgang gibt es viele Beispiele: Zum Beispiel fürchtet sich ein Kind scheinbar vor Spinnen, obwohl es in Wirklichkeit mit seiner Angst vor der Wut und Eifersucht auf ein Geschwisterchen zu kämpfen hat.

### Beachten Sie

In manchen Fällen wird durch Verschiebung die Angst vor einem Gefühl oder einer Vorstellung auf einen Menschen, ein Tier oder einen Gegenstand verlagert, vor dem Angst zu haben eigentlich nicht angemessen ist.

### Umwelt- und Kriegsängste

In der Zeitung lesen wir täglich über reale Bedrohungen der gesamten Menschheit durch Umweltzerstörung, Atomkraft oder weltweite Kriege. Und wir lesen auch über Untersuchungen, die zeigen, daß Kinder sich um die Umwelt, um Kriege oder andere äußere Bedrohungen sorgen. Eltern empfinden diese Ängste oft als sehr besorgniserregend. Doch selbst in diesen Fällen findet vielfach der oben beschriebene Mechanismus der Verschiebung statt, und es geht beim Kind primär um innere Angst. Dies wird in der Behandlung dadurch deutlich, daß sich beispielsweise die Kriegsangst eines Kindes dann legt, wenn an der eigentlichen Angst (z. B. der Angst vor dem eigenen Haß auf das Geschwisterchen) gearbeitet und diese überwunden wird.

## Was bedeutet Verschiebung?

Um nachvollziehen zu können, was der Angst eines Kindes tatsächlich zugrunde liegen kann, beschäftigen wir uns noch einmal mit dem Begriff der Verschiebung. Bei der Verschiebung wird die Angst vor einem Gefühl (Wut, Trauer) oder einer Vorstellung auf einen Menschen, ein Tier oder einen Gegenstand verlagert. Das Kind hat dann nicht vor dem eigentlich zugrundeliegenden Gefühl Angst, sondern vor dem Mensch, Tier oder Gegenstand, vor dem Angst zu haben eigentlich nicht angemessen ist. Dadurch ist aber die Angst handhabbarer, und das Kind ist beruhigt, weil es den Auslöser zu kennen meint.

Ein Beispiel: Wenn ein Kind sicher ist, daß seine Angst von Spinnen oder Mäusen herrührt, obwohl es eigentlich durch seine aggressiven Impulse den Eltern gegenüber geängstigt ist, ist damit gleichzeitig eine Strategie möglich geworden, mit der Angst fertig zu werden: Das Kind muß nur Spinnen oder Mäusen aus dem Weg gehen, und die Angst ist gebannt. Dies ist gerade bei Kindern ein weit verbreiteter, unbewußter Mechanismus. Deshalb ist es so wichtig, daß die Eltern gerade bei scheinbar harmlosen Angstauslösern (wie Insekten oder Mäusen) darüber nachdenken, woher die Angst eigentlich rührt, oder einen Fachmann zu Rate ziehen. Sonst tun sie diese Angst des Kindes vielleicht einfach ab: »Stell dich doch nicht so an, was soll dir eine Maus schon tun?« Dem Kind ist damit sicher nicht geholfen.

*Überlegen Sie auch bei harmlosen Angstauslösern, ob vielleicht eine andere Ursache dahintersteckt.*

In extremen Fällen können diese verschobenen Ängste den Charakter von Phobien (z. B. Spinnenphobie) annehmen (siehe Seite 104ff.).

Um die wirklichen Ängste Ihres Kindes zu erkennen, sollten Sie immer seine jeweilige Entwicklungsphase berücksichtigen und überlegen, welche Ursachen sich hinter scheinbar banalen Ängsten verbergen können.

Sätze wie »Du hast doch bloß vor deiner Wut auf uns Angst« helfen nicht, sondern verstärken die Abwehr. Selbst wenn man sicher zu sein scheint, daß sich hinter der Spinnenangst Wut auf die Eltern verbirgt, hilft nur das geduldige Gesprächsangebot und Offenheit für die Angebote des Kindes (siehe Seite 76f.).

## Schüchtern oder draufgängerisch: das individuelle Temperament

Es wurde bereits angesprochen, daß Angst individuell unterschiedlich ausgeprägt ist. Dies ist durch verschiedenerlei Faktoren bedingt, auch dadurch, was dem Kind »in die Wiege gelegt« wurde, also angeborene Faktoren des Temperaments, des Charakters und damit auch angeborene Schwellen für Angst und alle anderen Gefühle. So wird ein ängstliches Kind das plötzliche Bellen eines Hundes ganz anders verarbeiten als ein Kind, das sich bis dahin überhaupt nicht ängstlich gezeigt hat.

### Der Einfluß der Vererbung

Jedes Kind verfügt von Geburt an bereits über ein individuelles Set von emotionalen und intellektuellen Möglichkeiten. Dieses bestimmt auch mit, wie das Kind der Welt gegenübertritt: zurückhaltend oder forsch, ängstlich oder mutig. Diese Grundkonstitution kann zwar beeinflußt, aber nicht grundsätzlich verändert werden.

### Der wilde Raufbold und die schüchterne Kleine

Das Temperament ist also von Bedeutung. Man darf aber keinesfalls den Fehler machen, ein Kind zu etikettieren und ihm damit für immer eine bestimmte Rolle zuzuweisen. Eine gewisse Zurückhaltung wird sich mancher Mensch immer bewahren – das ist auch nichts Nachteiliges. Doch hemmende Schüchternheit, die mit sozialen Ängsten einhergeht, kann man überwinden. Keinesfalls

*Stärken Sie
die Selbstsicherheit
Ihres Kindes.*

dürfen die Eltern einem schüchternen Kind alle Steine aus dem Weg räumen, es vor allen Situationen, die ihm Unbehagen bereiten, bewahren und es immer »beschützen«. Gerade diese Kinder gewinnen ungemein an Selbstwertgefühl und Selbstsicherheit, wenn sie trotz ihrer Ängste Herausforderungen meistern und sich selbst überwinden.

Entsprechendes gilt für die »kleinen Wilden«. Nach außen groß tönend, innen manchmal ganz klein. Immer wieder überfordern sie sich selbst, weil sie ständig Anführer sein und den Starken spielen wollen. Plötzlich brechen sie scheinbar grundlos zusammen, oder sie werden immer aggressiver und rauher, um ja nicht in sich hinein zu horchen. Sie müssen lernen, auf ihre innere Stimme zu achten, Sensibilität zuzulassen. Hier können die Eltern durch eine ruhige Atmosphäre, geduldige Gespräche und Eingestehen eigener Zweifel und Ängste ein Gegengewicht schaffen.

34

## Die Rolle der Erziehung

Wir haben gesehen, daß bestimmte Angstreaktionen angeboren sind und der Einzelne entsprechend seiner individuellen Konstitution stärker oder schwächer »angstanfällig« ist. Doch auch die Erziehung spielt eine wichtige Rolle. Ein Kind überängstlicher, behütender Eltern wird sich schwerer tun, offen und wagemutig die Welt zu erforschen; dagegen entwickelt ein Kind, das eigene Erfahrungen machen darf, leichter Selbstvertrauen und ist gegen Ängste besser gewappnet.

Sobald die zweijährige Sophie ein Messer in die Hand nimmt, kommt die Mutter angelaufen und nimmt es ihr weg – »gefährlich, Sophie!«. Dasselbe geschieht auch, wenn das Mädchen auf eine kleine Mauer klettern, Tassen aus dem Schrank holen, allein zum Nachbarskind laufen oder den bekannten Hund einer Nachbarin streicheln will. Irgendwann gibt Sophie auf, wird immer zögerlicher, ergreift keinerlei Initiative mehr zu neuen Erfahrungen. Denn was hat sie durch das Verhalten der Mutter gelernt? Die Welt steckt voller Gefahren – besser man hält sich überall zurück. Doch spätestens wenn Sophie in den Kindergarten gehen soll, werden sie und ihre Eltern ein Problem haben: Jeder wird sich fragen, warum das Kind so schüchtern ist, sich nichts zutraut und vor allem Angst hat.

**Fallbeispiel**

*Überängstliche Eltern hemmen die Entwicklung ihres Kindes.*

Die Haltung der Eltern bei der Erziehung ist ganz entscheidend dafür:
- welche Ängste das Kind entwickelt,
- wie es mit ihnen umgeht und
- wie es sie verarbeitet.

Dabei sind die Eltern durch ihre eigenen Erfahrungen geprägt. Sie setzen in der Erziehung immer auch ihre eigenen Erfahrungen aus der Kindheit und damit ihre eigenen Ängste und Befürchtungen um.

**35**

Erziehung ist mehr als eine pädagogische Überzeugung und Strategie. Erziehung in der Familie ist immer zuerst Beziehung. Das heißt, die eigene psychische Ausstattung von Vater und Mutter ist der Kern jeder pädagogischen Haltung, die sich erst daraus ableitet. In diesem Zusammenhang kommt somit der Erziehung in dem Dreieck Vererbung – Familie – Umwelt eine wichtige Funktion zu.

## Wie gehen Eltern mit Angst um?

In der Erziehung bestimmt der Umgang der Eltern mit Angst wesentlich das Angsterleben eines Kindes mit. Überängstliche Eltern schränken die Entwicklung ihres Kindes zu selbstsicheren Menschen ein. Zuwenig ängstliche Eltern setzen ihr Kind möglicherweise Gefahren aus. Daher sollten Eltern ihr eigenes Angstempfinden analysieren und sich um einen angemessenen Umgang mit Angst bemühen.

## Der Einfluß der Medien

Die Frage, welchen Einfluß vor allem das Fernsehen auf ihre Kinder hat, beschäftigt wohl die meisten Eltern – gerade auch im Hinblick auf Ängste und Alpträume.

Immer wieder wird den modernen Medien, Fernsehen oder Computer, unterstellt, sie würden Kinderängste verursachen. Doch das stimmt so einfach nicht. Ein unbeschwertes, selbstsicheres Kind wird sich ängstigenden Filmen oder Computerspielen nicht ohne weiteres aussetzen (Kinder sollten damit sowieso nicht allein sein!) bzw. sich an die Eltern wenden, wenn es etwas erlebt hat, das es nicht verarbeiten kann. Natürlich können ängstigende Situationen auch in einer virtuellen Realität des Films oder des Computerspiels Ängste bei Kindern auslösen oder auch verstärken.

Radio, Fernsehen, Zeitungen gehören zur Welt unserer Kinder. Hier werden sie immer wieder mit Beängstigendem konfrontiert.

Statt zu versuchen, alles fernzuhalten, sollte man Kinder von klein auf den sinnvollen Umgang mit diesen Medien lehren und über alle hier vermittelten Eindrücke sprechen:

- Lassen Sie gerade kleinere Kinder nicht wahllos fernsehen.
- Suchen Sie Kindersendungen gezielt aus.
- Sehen Sie die ausgewählten Sendungen nach Möglichkeit zusammen mit Ihrem Kind an, und sorgen Sie dafür, daß das Kind jederzeit Fragen stellen darf und die Nähe der Eltern spürt.

*Tips für den Umgang mit Medien*

## Fassen wir zusammen

- Angst reguliert auch die Gefühle, die Kinder in ihrer Entwicklung immer wieder stark beschäftigen.
- Angst wird oft unbewußt abgewehrt.
- Angst ist ein psychischer Prozeß, der das seelische Gleichgewicht erhält.
- Innere Angst wird oft auf äußere Auslöser verschoben; so kann zum Beispiel auch hinter aggressivem Verhalten Angst stecken.
- Wie stark Angst erlebt wird und wie mit ihr umgegangen wird, ist sowohl von der individuellen Veranlagung wie auch von der Erziehung abhängig.
- Eltern müssen das Selbstvertrauen ihrer ängstlichen Kinder stärken und ihnen Sicherheit vermitteln.

37

# Wie äußert sich Angst bei Kindern?

■ Jeder kennt typische Reaktionen auf Angst: Zittern, Schweißausbruch, Schlaflosigkeit usw. Auch Kinder können mit solchen eindeutigen körperlichen Symptomen auf Angstsituationen reagieren. Doch nicht immer ist Angst so augenfällig. Manchmal kann sie auch hinter ganz anderen Reaktionen stehen; diese Form der »Verschiebung« wurde bereits angesprochen (siehe Seite 31f.). Viele Kinder leiden auch ganz leise, ziehen sich zurück und fallen manchmal gar nicht weiter auf.

*Jedes Kind reagiert anders auf Angst: durch auffälliges Verhalten oder auch stilles Zurückziehen.*

• Eine unübersehbare Angstreaktion des Kindes äußert sich durch Weinen, Schreien oder Weglaufen. Sie ist in der Regel eindeutig zuzuordnen: Der große schwarze Hund war plötzlich bellend an den Zaun gesprungen.

*Wenn das Kind weint oder schreit, kann dies ein deutliches Zeichen für Angst sein.*

• Eine nicht ohne weiteres zu erkennende Reaktion könnte der ängstliche Gesichtsausdruck sein: Die Augen sind schreckhaft aufgerissen, der Mund ist geöffnet, und das Kind macht vielleicht eine Abwehrbewegung mit der Hand, die vor die Stirn gehalten wird.

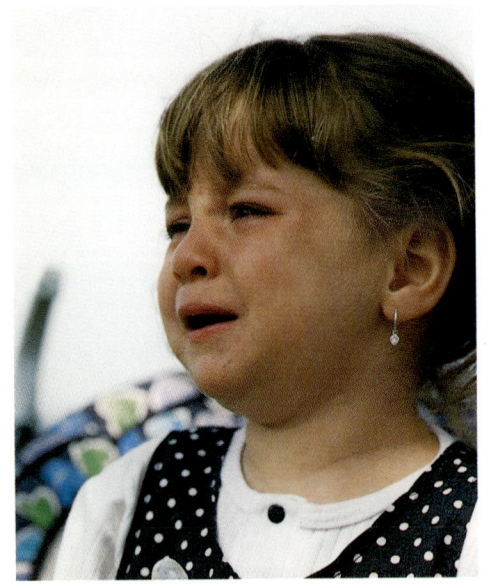

• Eine subtile Angstreaktion kann vorhanden sein, wenn ein Kind sich still abgewendet hat, ohne daß es gleich auffällt, sich in eine Ecke oder ein Gebüsch drückt und auf Ansprache irgendwie verschämt und unzugänglich reagiert.

## Körperliche Reaktionen auf Angst

Primär reagiert der Körper auf Angst: Ein bestimmter Reiz wird aufgenommen und löst eine Erregung aus, die durch Botenstoffe weitergeleitet wird; dadurch wird der Körper in einen Alarmzustand versetzt, der ihm helfen soll, mit der Bedrohung fertig zu werden.

## Typische Reaktionen

- Anstieg des Herzschlages
- Anstieg des Blutdrucks
- Erhöhte Schweißsekretion
- Erhöhung der Muskelspannung
- Anstieg der Atemfrequenz
- Erhöhte Adrenalinausschüttung im Blut
- Eine gewisse allgemeine Starre, die Augenbewegungen nehmen ab
- Bei großer Angst: eingeschränkte Aufmerksamkeit (z. B. bei starker Prüfungsangst)

Diese Reaktionsweisen laufen natürlich auch schon bei Kindern ab; hieraus läßt sich unmittelbar ableiten, wie ein ängstliches Kind aussieht oder welche Symptome die Angst auslösen können:

- Gerötete Kopfhaut (bei plötzlichem Schreck: »blutleere« Haut)
- Schwitzen; schweißnasse Hände
- Starre und Bewegungseinschränkung (bei ängstlicher Flucht: flinke Mobilisierung)
- Geweitete Pupillen
- Zittern
- Heisere Stimme
- Körperlicher Rückzug
- Durchfall
- Appetitlosigkeit
- Schlaflosigkeit

*Körperliche Reaktionen auf Angst*

Die genannten Phänomene und Symptome beziehen sich auf einen akuten Angstzustand, wie er beispielsweise in einer Prüfungssituation entsteht oder auch zu beobachten ist, wenn Kinder plötzlich von einem großen Hund angebellt werden oder sich im Dunkeln fürchten. Chronische Ängste äußern sich auf andere Weise und sind nicht so eindeutig erkennbar (siehe Seite 40f.).

**Beachten Sie**

In solchen Fällen mit starken körperlichen Angstreaktionen müssen sich die Eltern zuallererst um die akute Entängstigung des Kindes bemühen. Hier hilft nur, das Kind zu beruhigen, es aus der ängstigenden Situation herauszuführen, es in den Arm zu nehmen, beruhigend auf es einzureden oder es auch nach einer angemessenen Zeit (nicht sofort) abzulenken. Ein sofortiger Ablenkungsversuch ist deshalb nicht hilfreich, weil das Kind noch zu sehr mit seiner Angst beschäftigt ist und die Ablenkung diese nur verstärkt.

## Symptome chronischer Ängste

Während die akuten Angstreaktionen augenfällig sind und man einfach Abhilfe schaffen kann, sind die subtileren Symptome chronischer oder verdrängter Angst schwieriger auszumachen. Sie werden oft über längere Zeit gar nicht wahrgenommen oder fehlgedeutet. So kann zum Beispiel der Rückzug eines Kindes als Trotz oder Empfindlichkeit fehlgedeutet werden. Immer wieder ist somit Einfühlung (siehe Seite 44f.) gefragt, mit der die Eltern das Verhalten ihres Kindes verstehen können.

Fallbeispiel Die Mutter des fünfjährigen Philipp berichtete, daß der Junge im letzten halben Jahr zu Hause häufig gereizt wirke. Wenn er aus dem Kindergarten komme, reagiere er schnippisch auf jede Nachfrage, wie denn der Tag gewesen sei. Manchmal sei er richtig unverschämt. Die Kindergärtnerin sagte, im Kindergarten sei er ganz anders: still und schüchtern. Er komme nur langsam mit anderen Kindern in Kontakt. Sie verstehe dies gar nicht.

Schließlich stellte sich in wenigen Einzelgesprächen heraus, daß Philipp sich insbesondere vor zwei wilden Kindern fürchtete, sogar einige Male von ihnen bedroht worden war. Nachdem dies in der Familie wie auch im Kindergarten behutsam thematisiert wurde, besserten sich sowohl die Stille und Zurückgezogenheit im Kindergarten als auch die häusliche Gereiztheit.

Es läßt sich nicht verallgemeinern, daß bestimmte beängstigende Situationen meist ähnliche Angstreaktionen bei Kindern auslösen. So ist keineswegs gesagt, daß ein Kind, das sich im Kindergarten vor anderen sehr wilden Kindern fürchtet und sich zurückzieht, auch zu Hause still und unauffällig ist – das haben wir am Beispiel von Philipp gesehen. Vielleicht wird es hier besonders aggressiv und will das ungebärdige Verhalten ausprobieren. Für die Eltern gilt also, daß sie zunächst die Verhaltensveränderung erkennen müssen und dann nachforschen sollten, was sich sonst noch im Leben des Kindes verändert hat.

*Zeigt Ihr Kind über mehrere Wochen eine auffällige Verhaltensänderung, sollten Sie nach der Ursache forschen.*

Die folgende Übersicht zeigt auffällige Verhaltensänderungen, die sich oft infolge latenter, d. h. »lauernder« oder chronischer Angst ergeben. Wenn ein solches Verhalten mal kurzfristig auftritt, bedeutet dies noch nicht, daß das Kind Probleme hat; wohl aber, wenn es im Verlauf von mehreren Wochen bestehen bleibt. Für ein besseres Verständnis werden diese Verhaltensweisen unterschiedlichen Bereichen des menschlichen Erlebens zugeordnet.

## Mögliche Wesensveränderungen des Kindes infolge chronischer Ängste

**Seelische Veränderungen:**
- Qualvolles Gefühl der Beengung oder Bedrängung
- Weinerlichkeit und Empfindlichkeit
- Gefühl des hilflosen Ausgeliefertseins
- Innere Unruhe und Spannung
- Nervosität
- Gefühl der inneren Lähmung
- Antriebslosigkeit
- Verzweiflung

**Psychomotorische Auffälligkeiten:**
- Mimische Ausdrucksphänomene der Angst
- Aufgerissene Augen, offener und trockener Mund, Schwitzen
- Unruhe bis hin zum »Ausflippen«
- Nicht still sitzen können
- Aggressivität
- Hemmung bis hin zur Lähmung
- Bewegungslosigkeit

**Kognitive Störungen, d.h. Beeinträchtigung der Lernfähigkeit und Aufmerksamkeit:**
- Konzentrationsstörungen
- Lernhemmungen
- Leistungsabfall

**Verhaltensauffälligkeiten:**
- Rückzug
- Geringe Frustrationstoleranz
- Erhöhte Aggressivität
- Erhöhte Traurigkeit
- Trennungsangst

Es wird deutlich, daß Angst sehr unterschiedliche Symptome auslösen bzw. sich sehr unterschiedlich zeigen kann. Die Schwierigkeit für die Eltern besteht oft darin, daß sie nicht ohne weiteres von einem äußeren Symptom auf einen inneren Zustand schließen können. In schwierigeren Fällen muß man die Beantwortung der Frage nach der Bedeutung einer kindlichen Symptomatik dem Fachmann überlassen. Er muß insbesondere die Frage abklären, wann aus einer »bloßen« Angst eine Angststörung wird (siehe Seite 121f.). Eine Angststörung kann in der Regel nur durch eine fundierte Therapie behoben werden.

## *Wie kommen die Eltern den Ängsten ihres Kindes auf die Spur?*

Viele Kinder äußern ihre Ängste frei heraus:

- »Dort gehe ich nicht mehr hin, da gibt es Gespenster!«
- »Auf den Spielplatz gehe ich nicht, da hauen mich die großen Jungs.«
- »Die Oma hat gesagt, mich holt der böse Mann, wenn ich nochmals heimlich Kekse nehme.«
- »Ich kann nicht einschlafen, weil draußen immer so komische Geräusche sind.«

In diesen Fällen wissen die Eltern, wo sie ansetzen müssen, um ihrem Kind bei der Bewältigung seiner Angst zu helfen.

### Wenn das Kind nicht über seine Ängste spricht

Doch wie ist es bei den versteckten Ängsten? Was tun, wenn die Eltern bemerken, daß sich ihr Kind verändert hat? Wenn es bedrückt ist, aber nicht mit der Sprache herausrückt? Dann fragen sich die Eltern natürlich, warum das Kind nicht über seine Sorgen sprechen will. Dafür gibt es mehrere Möglichkeiten:

*Manche Kinder gestehen ihre Ängste nicht ein.*

**1. Das Kind ist sich seiner Angst selbst nicht richtig bewußt.**

Dies kommt vor allem bei der Form der Verschiebung (siehe Seite 31f.) vor. Besonders kleinere Kinder sind davon betroffen. Sie haften in der Regel am Konkreten und bleiben auch bei Nachfragen dabei, daß es eben das Krokodil unter dem Bett ist, das sie ängstigt.

**2. Das Kind wurde unter Druck gesetzt.**

Wenn dem Kind gesagt wird: »Das darfst du deinen Eltern nicht erzählen«, gerät ein Kind unter starken Druck. Dies kann ab dem Kindergartenalter auftreten, wenn es von anderen, größeren Kindern unter Druck gesetzt oder gar erpreßt wird. Grund können kleine Heimlichkeiten oder auch Ungeschicklichkeiten des Kindes sein.

### 3. Das Kind schämt sich seiner Angst.

Gerade weil die Gesellschaft Angst als Schwäche wahrnimmt und insbesondere wenn Eltern dem Kind durch ihre Haltung und bestimmte Bemerkungen (»Ein Indianer kennt keinen Schmerz«) deutlich machen, daß Angst nicht nur etwas Unangenehmes, sondern auch Peinliches ist, schämen sich Kinder ihrer Angst und versuchen sie – bewußt oder unbewußt – zu verbergen.

### 4. Das Kind wird von seiner Angst überwältigt.

In diesem Fall fürchtet es, seine Angst nicht bewältigen zu können. Dann bringt das Sprechen über das Problem keine Entlastung, sondern eine unliebsame und »fürchterliche« Beschäftigung mit dem unaushaltbaren Gefühl.

Wie man im Einzelfall reagiert, ist auch vom Alter des Kindes, von seiner Persönlichkeit und von der Form der Beziehung zwischen Eltern und Kind abhängig.

### In jedem Fall gilt

- Bedrängen Sie Ihr Kind nicht, fragen Sie es nicht immer wieder direkt.
- Schaffen Sie vielmehr durch verstärkte Zuwendung und eine allgemeine Gesprächsbereitschaft Vertrauen und Sicherheit.

### Einfühlungsvermögen

Sobald die Eltern den Verdacht haben, daß bei ihrem Kind eine versteckte Angstsymptomatik vorliegen könnte, sollten sie versuchen, sich in das Kind einzufühlen. Die meisten Eltern werden instinktiv so vorgehen; es lohnt sich jedoch, sich diese Form der Zuwendung, des Eingehens auf das Kind, einmal bewußt zu machen. In den meisten Fällen kommt man so den Problemen des Kindes näher.

## Was bedeutet Einfühlung?

Jeder Mensch besitzt die intuitive Fähigkeit, sich in einen anderen Menschen einzufühlen. Das bedeutet, sich intensiv vorzustellen, wie sich der andere Mensch sozusagen von innen anfühlt. Jeder Mensch kennt das Phänomen, daß das Gesagte eines Menschen nicht mit dem Gefühlten übereinstimmt: beispielsweise wenn ein Kind beteuert, daß es keine Angst hat, aber überdeutlich spürbar ist, daß es sich anders verhält. Oder wenn ein Kind einem sehr freundlich gegenübertritt, aber spürbar ist, daß es eigentlich sehr verärgert ist. Wir nehmen unser Gegenüber nicht wie eine Kamera nur von außen wahr, vielmehr zählt alles, was der andere mit seinem Wesen ausdrückt. Manches davon äußert sich nicht im Verhalten, sondern ist nur spürbar. Diese Sensibilität müssen wir entwickeln. Und Eltern wissen in der Regel sehr gut, wie sich ihr Kind fühlt.

Verlassen Sie sich auf Ihr gutes Gefühl Ihrem Kind gegenüber, das Ihnen auch sonst sagt, wie es dem Kind geht. Dann werden Sie am sichersten den Ängsten Ihres Kindes auf die Spur kommen und sein Vertrauen gewinnen.

## Fassen wir zusammen

- Angst äußert sich auch körperlich.
- Angstsymptome können widersprüchlich sein.
- Man unterscheidet akute und chronische Angst.
- Angst wirkt sich auf die Emotionen, die Psychomotorik, das Denken und das Verhalten aus.
- Angst kann zu Verhaltensveränderungen führen.
- Durch einfühlsames und sensibles Vorgehen können Eltern die verborgenen Ängste ihrer Kinder aufspüren.

# Entwicklungsbedingte Ängste

■ Ängste, so haben wir gesehen, gehören zum Leben und zur kindlichen Entwicklung. Sie sind Ausdruck psychischer Konflikte, und ihre Überwindung zeigt, daß das Kind eine Entwicklungsstufe bewältigt hat. Diese Entwicklung unterliegt einem fortschreitenden Prozeß, daher ist das Kind in jeder Altersstufe für besondere Ängste anfällig. Ein 13jähriger wird sich nicht mehr vor dem Krokodil unter dem Bett fürchten, wohl aber vor den körperlichen Veränderungen, die er an sich wahrnimmt. Er wird Befürchtungen entwickeln, etwas an seiner Entwicklung könnte nicht normal sein.

## Angst und Entwicklung

*Die Auseinandersetzung mit Ängsten ist ein wesentlicher Teil der kindlichen Entwicklung.*

Angst ist ein sogenannter Stressor für unsere Seele und unser Gehirn. Ein bestimmtes Ausmaß an Angst ist entwicklungsfördernd und bringt jedes Kind dazu, zu lernen, sich angemessen mit sich und der Umwelt auseinanderzusetzen. Jedes Kind kann dabei unterschiedliche Mengen an Angstauslösern vertragen. Diesen individuellen Unterschied kann man nicht vorhersagen.

- Hüten Sie sich davor, aus »Übungsgründen« bei Kindern absichtlich Angst zu erzeugen, um sie »abzuhärten«.
- Lassen Sie aber auch den Anspruch fallen, Kinder müßten nach Möglichkeit angstfrei aufwachsen; denn eine Umgebung – wenn sie sich denn überhaupt herstellen ließe –, in der es keine Angst gibt oder geben darf, würde die Kinder nur lebensunfähig machen.

*Ein Aufwachsen in angstfreier Atmosphäre ist nicht möglich und auch nicht sinnvoll.*

Man kann sich einfach darauf verlassen, daß jeder Lebensabschnitt und das tägliche Leben genügend Anlaß für Angst liefern. Wichtig für Eltern ist nur, diese Angstsituationen und ihre Anforderungen an das Kind wahrzunehmen.

Die Ängste, die in bestimmten Altersstufen vorrangig sind, werden im folgenden aufgeführt. Dabei wird aufgezeigt, mit welchen speziellen Entwicklungsaufgaben sie zusammenhängen. Die Eltern bekommen so die Möglichkeit, zu erkennen, welche Entwicklungsschritte und seelischen Konflikte hinter der jeweiligen Angst stecken. Dadurch sind sie in der Lage, dem Kind bei diesen grundlegenden Problemen zu helfen und angemessen zu reagieren.

## Die Angst des Säuglings

Bestimmte Grundformen der Angst sind dem Menschen angeboren (siehe Seite 10f.): So erschrecken Säuglinge über unbekannte Geräusche und plötzliche Lagewechsel (wenn sie nicht spielerisch sind). Überstimulation kann ebenso ängstigend sein wie Vernachlässigung. Sie können durch Hunger und Durst Angst bekommen und nehmen auch die Atmosphäre ihrer Umgebung wahr. Ist diese ängstlich oder bedrohlich, so kann sich dieser Zustand auch auf das Baby übertragen. Gelingt es der Umgebung, speziell der Mutter, auch in bedrohlichen Situationen Zuversicht zu behalten, wird sich dies unmittelbar auf den Säugling übertragen. Hat die Mutter dagegen selbst große Angst vor bestimmten Dingen oder Situationen, so wird auch der Säugling Angst bekommen.

*Babys reagieren äußerst sensibel auf beängstigende Situationen.*

Ein eindrucksvolles Beispiel hierfür sind Berichte von Psychologen aus dem Zweiten Weltkrieg: Während der Bombenangriffe wurden die Mütter in den Bunkern aufgefordert zu singen. Das Weinen und Schreien der Babys und Kleinkinder hörte bald auf.

Dieser Mechanismus zeigt sich bei Säuglingen auch dann, wenn sie ebenfalls zu weinen beginnen, sobald sie andere Säuglinge schreien hören.

### Fremdeln

Mit zunehmendem Alter nimmt das Spektrum an ängstigenden Auslösern zu. Das bekannte Fremdeln oder die sogenannte Acht-Monats-Angst (die auch etwas früher oder später auftreten kann) ist Ausdruck einer intensiven Beziehungsaufnahme zu der oder den gewohnten Bezugspersonen, in der Regel der Mutter. Es ist Ausdruck der nun erlernten, intensiven Unterscheidungsfähigkeit

*Das Fremdeln bezeichnet einen wichtigen Entwicklungsschritt.*

*Fremdeln ist für die Entwicklung des Babys wichtig.*

zwischen gewohnt und fremd. Das Baby kann nun zwischen bekannten und fremden Menschen und Situationen eindeutig unterscheiden und ist emotional an seine Bezugsperson gebunden. Jeder Wechsel kann es irritieren, weil das Gewohnte fehlt und durch das Fremde ersetzt ist.

Dieser Zeitpunkt eignet sich nicht, um das Kind an eine neue Betreuungsperson zu gewöhnen, zum Beispiel eine Tagesmutter, wenn die Mutter wieder arbeiten möchte. Diese Frage sollte man sich schon vorher gut überlegen und das Kind entweder bereits mit sechs Monaten oder erst mit einem Jahr oder noch später einer weiteren Betreuungsperson anvertrauen.

*Das Baby sollte nicht gerade in der Fremdelphase einer neuen Betreuungsperson anvertraut werden.*

Prinzipiell sollten Sie eine Fremdbetreuung des Kindes immer sorgfältig überlegen, damit hier keine tiefen Ängste des Kindes angelegt werden. Wird hier nicht sehr sensibel verfahren, kann es beim Kind zu Verlassenheits- oder Trennungsängsten kommen, die seine weitere Entwicklung beeinträchtigen. Fremdbetreuungen stellen immer einen Kompromiß dar zwischen dem Recht oder dem Zwang der Mutter auf Arbeit (und möglicherweise auch Selbstverwirklichung) und dem Recht des Kindes auf eine emotio-

**48**

nal angemessene Betreuung (die auch durch den Vater oder eine andere nahe Bezugsperson sichergestellt werden kann und sollte). Je besser das Gefühl der Mutter bei der Auswahl der Tagesmutter, desto größer ist die Wahrscheinlichkeit, daß auch das Kind sich vertrauensvoll auf diese einlassen kann. Wichtig bleibt allerdings die Offenheit der Mutter für abwehrende oder durchgängig traurige Reaktionen des Kindes. Das Babyalter ist sicherlich kein optimaler Zeitpunkt für den Beginn einer Fremdbetreuung. Geeigneter ist das dritte oder vierte Lebensjahr.

### Beachten Sie

Niemand würde auf die Idee kommen, fremdelnde Säuglinge gegen ihren Willen bzw. ihre Angst von der Mutter zu entfernen. Daher ist diese Angst ein gutes Beispiel dafür, wie man auch bei älteren Kindern mit der Angst umgehen sollte. Erwachsene sollten sich immer wieder an diese Phase im Babyleben erinnern.

Angst und tiefes Vertrauen sowie Neugierde liegen im ersten Lebensjahr eng zusammen. Das im wahrsten Sinne des Wortes völlig vorurteilsfreie Sich-Annähern an unbekannte Objekte (bei dem auch gefährliche Dinge geschehen können) liegt unmittelbar neben plötzlichen ängstigenden Erfahrungen. Dieses Nebeneinander verweist auf die hohe Bedeutung der ständigen Begleitung durch Erwachsene, die das Kind vor überängstigenden Erfahrungen schützen bzw. ihm beistehen, wenn Angst aufgetreten ist.

*Das Baby braucht den ständigen Schutz vor beängstigenden Erfahrungen.*

### Wichtig

Nicht »Stark ist, was hart macht« lautet die Erziehungsmaxime, sondern »Stark ist, wer Vertrauen schöpft«. Dies gilt auch für die weitere Entwicklung.

### Geborgenheit schafft Schutz vor Ängsten

*Die Erfahrungen im 1. Lebensjahr prägen das Kind ganz entscheidend.*

Die Erfahrungen, die das Baby im ersten Lebensjahr macht, prägen es bereits für sein ganzes Leben. Erfährt es eine sichere Umgebung, feste Bezugspersonen, verläßliche Zuwendung, sensibles Eingehen auf seine Bedürfnisse sowie einen geregelten Tagesablauf, so gewinnt es bereits einen gewissen Schutz gegen spätere übermäßige Ängste. Das heißt aber nicht, daß Neues, auch Beunruhigendes völlig ferngehalten werden soll. Vielmehr »wissen« einfühlsame Eltern, wann bestimmte »Angstauslöser«, die auch lustvoll sein können (z. B. das Guck-guck-da-Spiel, bei dem der Erwachsene kurz immer wieder verschwunden ist), dem Kind zuzumuten sind.

## Das Kleinkindalter (1 bis 3 Jahre)

*Das Kind beginnt, sich von der Mutter zu lösen – das geht nicht ohne Ängste.*

Mit Beginn des zweiten Lebensjahres tritt das Kleinkind in eine Abfolge spezifischer Entwicklungsphasen ein. Auf der Grundlage seiner Bindung an die Mutter entwickelt es sich in seine soziale Umwelt hinein. Mit dem Erwerb des Krabbelns und Laufens tauchen erste eigenständige Bewegungsformen auf, die es dem Kind in bisher nicht gewohnter Weise ermöglichen, sich selbständig auf den Weg zu machen. Dieser Weg ist damit zum ersten Mal von der Mutter unabhängig und entsprechend mit Angstauslösern verbunden. So kann die plötzliche, freundliche Ansprache eines Erwachsenen ausreichen, um das krabbelnde Kind mit der Fremdheit der Situation zu konfrontieren, und es beginnt, ängstlich zu weinen. Die Geburt eines Geschwisterchens kann bei Ein- bis Zweijährigen die Angst des Verstoßenwerdens auslösen, ohne daß es dafür eine reale Grundlage geben muß.

### Von vorrangiger Bedeutung: die Bindungssicherheit

Wie selbstsicher und unbeschwert ein Kind später einmal die Welt erobern wird, ob es ängstlich klammernd bei der Mutter verharrt oder forsch in die Welt zieht, hängt zum wesentlichen Teil auch davon ab, wie seine frühe Beziehung zur Mutter oder einer anderen wichtigen Bezugsperson gestaltet war. Kinder, die in den ersten

Lebensjahren eine feste, verläßliche Mutter hatten, die ihre Bedürfnisse prompt und zuverlässig erfüllte, auf das Baby einging und sowohl seine körperlichen wie seine emotionalen Bedürfnisse liebevoll erfüllte und gleichzeitig auch Grenzen setzen konnte, werden sich zu selbstsicheren Kindern und Erwachsenen entwickeln, die gegen übermäßige Ängste gefeit sind.

## Was bedeutet Bindung?

Innerhalb der Kinderpsychiatrie und Kinderpsychologie gibt es einen eigenen Forschungszweig, der sich damit beschäftigt, welche Form von Bindung des Kindes an seine Umgebungspersonen für die weitere Entwicklung förderlich ist. Dabei lassen sich drei unterschiedliche Formen des Bindungsverhaltens voneinander unterscheiden:

1. Sicher gebundene Kinder:
   Diese Kinder haben eine sensible, warme und zuverlässige Mutter erlebt.
2. Unsicher ambivalent gebundene Kinder:
   Diese Kinder haben eine zwar zugewandte, aber unberechenbare Mutter erlebt, bei der sie nie wissen konnten, wann sie eingriff und wann nicht.
3. Unsicher vermeidend gebundene Kinder:
   Diese Kinder haben eine zuverlässige Mutter erlebt, die aber Probleme mit Nähe und Körperkontakt hatte.

## Wichtige Entwicklungsschritte und damit zusammenhängende Ängste

Mit einem bestimmten Bindungstyp ausgestattet, entwickelt sich das Kind durch unterschiedliche Phasen hindurch. Die Entwicklungsaufgaben, die bis zum Schulalter bewältigt werden müssen, sind vielfältig, und die bisherige Ausstattung des Kindes ist dafür nicht ohne Bedeutung. So besitzen schon einjährige Kinder eine spezifische Lebensgeschichte. Unsicher gebundene Kinder ent-

*Die im Babyalter erlebte Bindung bestimmt die Selbstsicherheit und das Vertrauen eines Kindes.*

wickeln ein anderes Selbstwertgefühl und begegnen neuen Situationen anders als sicher gebundene.

Enorme Entwicklungsaufgaben müssen in wenigen Jahren bewältigt werden. Da wird durchaus verständlich, daß ein Kind immer wieder mit Ängsten kämpft, sich zurückzieht, eingeschüchtert und verzweifelt ist, auch wenn es eine ausreichende Bindungssicherheit erfahren hat.

## Entwicklungsaufgaben im Kleinkindalter

- Stabile Bindung
- Bewegungskontrolle
- Kognitive und sprachliche Entwicklung
- Erkundungsverhalten

Aus diesen Entwicklungsaufgaben ergeben sich ganz bestimmte Angstformen, die alterstypisch sind, aber natürlich bei jedem Kind eine individuelle Prägung haben.

## Entwicklungsspezifische Ängste

- Trennungsangst
- Vernichtungsangst

## Das Kindergartenalter (3 bis 6 Jahre)

*Im Kindergartenalter beginnt das Kind, die »äußere« Welt unabhängig zu erobern.*

Das Kindergartenalter ist die erste Phase, in der etwas wirklich Eigenständiges außerhalb des Elternhauses geschieht. Dies kann erfolgreich und befriedigend für das Kind sein; das Kind kann aber auch von immer neuen Ängsten bedrängt werden. Dazu gehören äußere Umstände, wie die Trennung von der Mutter im Kindergarten; aber auch die Auseinandersetzung mit anderen Kindern kann angst machen. Zusätzlich ist die innere Phantasiewelt des Kindes aktiv. Gestalten aus Märchen und Fernsehen bevölkern seine Welt und können es bedrängen.

## Entwicklungsaufgaben im Kleinkind-/ Kindergartenalter (2 bis 4 Jahre)

- Grundlagen der Autonomieentwicklung
- Sprachentwicklung
- Phantasie und Spiel
- Verbesserung der Selbstkontrolle (Körper, Nahrungsaufnahme, Ausscheidung)
- Entdeckung der Geschlechterdifferenz

Aus den beschriebenen Entwicklungsaufgaben lassen sich wiederum spezifische Ängste ableiten. Entwicklungsschritte, Ängste und Altersangaben sind jeweils nicht fest zugeordnet – es können fließende Übergänge bestehen.

## Entwicklungsspezifische Ängste

**Im Kleinkind-/Kindergartenalter (2 bis 4 Jahre):**
- Dunkelangst, Einschlafangst
- Veränderungsangst
- Angst vor körperlicher Verletzung (Kastrationsangst)
- Angst vor Tieren und Maschinen
- Angst vor Phantasien und Phantasiegebilden

**Im Vorschul- und frühen Schulalter (5 bis 7 Jahre):**
- Todesfurcht
- Angst vor der eigenen Aggression
- Angst vor Tieren und Maschinen
- Sexuelle Angst

Entwicklungs-
bedingte Ängste
können entste-
hen, ohne daß
äußere Erlebnisse
auf das Kind
einwirken.

Es wird deutlich, welche Ängste sich aus den einzelnen Entwicklungsaufgaben entwickeln. So ergibt sich beispielsweise aus der
sogenannten analen Phase, daß das Kind sich mit Hergeben und
Behalten, mit Sauberkeit und Schmutz, mit innen und außen
beschäftigt. Wenn Kinder die Geschlechterdifferenz entdecken,
setzen sie sich mit der Frage des Entstehens und der Bedeutung von
Vagina und Penis auseinander. Jungen können nun die Angst entwickeln, ihr Penis könnte verloren gehen oder abgeschnitten werden; Mädchen können befürchten, ihnen fehle etwas.

Dies sind Beispiele für entwicklungsbezogene Ängste, die aus
ganz normalen Entwicklungsphasen heraus entstehen können,
ohne daß Probleme von außen bestehen.

Oft sind allerdings äußere Erlebnisse Anlaß für das Kind, über
bestimmte Dinge nachzudenken und dann Angst zu entwickeln.
Wenn in solchen anfälligen Entwicklungsphasen Impulse von
außen gesetzt werden, die eine entstehende Angst verstärken, kann
sich die Angst in ausgeprägte Formen steigern. So kann die Angst
um körperliche Unversehrtheit dadurch gesteigert werden, daß ein
Vater seinem Kind durch extreme Tobespiele immer wieder angst
macht. Auch Bilder und Szenen aus nicht altersgerechten Filmen
können solche Ängste steigern.

Kinder in diesem Alter sollten nie allein und höchstens eine halbe
Stunde pro Tag fernsehen. In guten Fernsehzeitungen sind die
Altersgruppen ausgedruckt. Wichtig ist, daß die Eltern sofort sensi-
bel auf ängstliche Äußerungen des Kindes reagieren (siehe Seite 36).

Märchen und
Geschichten trei-
ben Entwick-
lungsschritte
voran und helfen
Ängste überwin-
den.

Märchen und Geschichten sind für Kinder in diesem Alter besonders wichtig, weil sie die Möglichkeit bieten, eigene psychische Vorgänge beispielhaft an den Märchen zu erleben. Darum lieben
besonders Kindergartenkinder das Vorlesen von Märchen und
Geschichten in einer ruhigen, geborgenen Atmosphäre. Sie
spüren, daß sie hier Antworten finden auf innere Fragen, die sie
beschäftigen (siehe auch Seite 77ff.).

## Der Eintritt in den Kindergarten

Manche Kinder können es gar nicht erwarten, endlich in den Kindergarten zu kommen. Andere sind zwar zunächst neugierig und offen für das Neue, wollen aber nach einigen Tagen oder Wochen nicht mehr hin. Und für wieder andere ist dieser Schritt von vornherein mit großer Angst besetzt. Sie wollen sich nicht von der Mutter trennen, weinen, schreien und klammern sich an die Mutter. Oftmals ist das nur eine kurze Eingewöhnungsphase. Hat es die

*Nach einer kurzen Eingewöhnungsphase gehen die meisten Kinder gern in den Kindergarten.*

Mutter schließlich über sich gebracht, sich vom Kind zu trennen, spielen solche Kinder oftmals ganz vergnügt mit anderen und fügen sich problemlos ein. Es gibt aber auch Kinder, die sich still zurückziehen, jedes Kontakt- oder Spielangebot ablehnen und auch zu Hause ihr Verhalten auffällig verändern. Hält dieses Verhalten über mehr als zwei Wochen an, muß dringend das Gespräch mit den Erzieherinnen gesucht werden. Selbstverständlich müssen die Eltern intensiv auf ihr Kind eingehen und dürfen ihm in dieser Zeit keinesfalls noch andere Veränderungen zumuten.

## Wichtig

Bei einer anhaltenden Trennungsangst im Kindergarten sollte man immer nach den Ursachen forschen und das Kind gegebenenfalls auch einem Fachmann vorstellen.

Sorgen Sie in erster Linie dafür, daß das Kind sein Vertrauen zu den Eltern behält. Es sollte immer über Dinge, die es im Kindergarten ängstigen, berichten können. Sie sollten aber nie in das Kind dringen, wenn es nichts erzählen will. Auch Geheimnisse können eine erste Bedeutung erlangen, und die Eltern müssen lernen damit umzugehen, daß sie nicht alles bzw. nicht gleich alles von ihren Kindern erfahren.

## Das Grundschulalter

Das Schulkind wird zunehmend »vernünftiger«, doch Ängste begleiten weiterhin seine Entwicklung.

Mit dem Eintritt in die Schule wird eine besondere Schwelle überschritten. Das Kind ist nun in der Lage, sich die Welt auch kognitiv, das heißt mit seinem Denken, zu erschließen. Es lernt lesen und schreiben und erfährt neue Dimensionen der Selbständigkeit. Mit zunehmendem Alter setzt sich dieser Prozeß fort und ist auch mit Erreichen des 18. Lebensjahrs noch längst nicht abgeschlossen.

Im Grundschulalter haben die Kinder schon einen wichtigen Teil ihrer Entwicklung bewältigt und entsprechend gelernt, mit vielen Ängsten umzugehen. Sie befinden sich nun in einer Zeit der emotionalen Stabilisierung und der zunehmenden kognitiven Erfassung ihrer Welt. Damit gehen verständlicherweise Ängste einher, die sich aus diesem zunehmenden Verständnis ableiten. Je mehr Zusammenhänge ihrer unmittelbaren oder weiteren Umwelt die Kinder erfassen, desto mehr können sie auch Gefahren erkennen, aber abhängig von der Entwicklung eben noch nicht richtig einschätzen. So können Grundschulkinder Ängste vor Umweltvergiftung oder Angst vor Krieg entwickeln. Die zunehmende Auseinandersetzung mit Alter, Krankheit und Tod kann Angst um die körperliche Unversehrtheit ihrer Eltern auslösen; dies um so mehr, wenn die Kinder mit zunehmendem Alter erleben, daß Großeltern oder Eltern tatsächlich krank werden und sterben. Da die kognitive Entwicklung unmittelbar mit intellektuellen Leistungen verknüpft ist, können Kinder in diesem Alter bevorzugt Leistungsängste entwickeln oder Versagensängste, in der Schule nicht ausreichend mitzukommen.

*Im Schulalter entwickeln sich häufig Versagensängste.*

## Entwicklungsaufgaben im Grundschulalter

- **Freundschaften**
- **Soziales Verhalten**
- **Kulturtechniken (Lesen, Schreiben)**
- **Körperliche und schulische Kompetenz**
- **Disziplin**

## Entwicklungsspezifische Ängste

- **Angst um die Eltern**
- **Angst vor den Eltern**
- **Heimweh**
- **Angst in Zusammenhang mit Schule (Leistung, Kontakt)**

## Das Jugendalter

Mit dem Eintritt in die Pubertät findet vor dem Erwachsenenalter noch einmal ein letzter dramatischer Wandel in der seelischen Entwicklung statt. Die Entwicklung reifer genitaler Sexualität und die damit verbundenen gravierenden körperlichen Veränderungen (bei Mädchen noch mehr als bei Jungen) können Ängste mit sich bringen, die sich insbesondere um die »Richtigkeit« der eigenen

*Besonders die Sexualität weckt Ängste.*

körperlichen Entwicklung drehen. Es kann sich die Angst entwickeln, nicht ausreichend ausgestattet zu sein, um den sexuellen Anforderungen gerecht zu werden. Oder eine ungenügende sexuelle Aufklärung kann zu irrationalen Ängsten über sexuelle Anforderungen führen.

## Cliquenbildung in der Schule

In der Schule haben sich mehr und mehr Cliquen herausgebildet als Versuch, den schwerwiegenden Anforderungen der Umwelt durch Unterordnung und Anpassung an eine Gruppennorm zu begegnen. Innerhalb dieser Gruppennorm ist es leichter, Anforderungen gerecht zu werden oder auch Feinde und Bedrohungen nicht in sich selbst, sondern in Form eines Außenfeindes wahrzunehmen.

Als Beispiel hierfür sei an die immer wieder auftretenden extremistischen Tendenzen jugendlicher Rechtsradikaler erinnert, die ausländische Mitschüler ausgrenzen möchten.

Nicht zu unterschätzen ist bei Jungen im Jugendalter die Angst vor Mädchen. Eine Ursache hierfür ist neben der schon beschriebenen Sexualangst sicherlich auch, daß Mädchen in der Regel seelisch und körperlich weiter entwickelt sind als ihre männlichen Altersgenossen. Da jüngere Mädchen als Partnerinnen aber nicht in Betracht kommen, weil sie in ihrer Pubertätsentwicklung noch nicht so weit fortgeschritten sind, fühlen sich die Jungen oft von den altersgleichen Mädchen überfordert und geängstigt. Die extremen Abwertungen, die in der Regel damit einhergehen («Mädchen sind doof»), sind dann nur Ausdruck der eigenen Angstabwehr.

*Viele Jungen haben Angst vor Mädchen.*

Im Übergang in das Erwachsenenalter, der späten Adoleszenz, können sich die Ängste insbesondere um die eigene Autonomieentwicklung drehen. Manche Jugendliche lösen solche Probleme, indem sie verlängert in Ausbildungen oder Studiengängen verbleiben, weil sie sich letztlich eine verantwortungsvolle Übernahme der Erwachsenenrolle nicht zutrauen.

Ängste, die aus der Kindheit oder Jugend unverarbeitet bis in dieses Lebensalter mitgetragen worden sind, werden weiter ihren Ausdruck finden; sie verweisen einmal mehr auf die Notwendigkeit, manifeste Ängste im Kindesalter frühzeitig und nachhaltig zu erkennen und gegebenenfalls von einem Fachmann behandeln zu lassen.

## Entwicklungsaufgaben im Jugendalter

**Frühe Adoleszenz – Pubertät (12 bis 14 Jahre):**
- Auseinandersetzung mit körperlichen Veränderungen
- Auseinandersetzungen mit seelischen Veränderungen
- Abstrakt-formales Denken

**Mittlere Adoleszenz (15 bis 17 Jahre):**
- Gemeinschaft mit Gleichaltrigen
- Sexuelle Beziehungen
- Auseinandersetzung mit moralischen Prinzipien
- Stabilisieren der Geschlechterrollen

**Späte Adoleszenz (18 bis 21 Jahre):**
- Ablösung von den Eltern
- Festigung des Moralbewußtseins
- Berufswahl

Viele der genannten Ängste sind nicht unbedingt überwunden, wenn die jeweilige Entwicklungsphase durchlaufen ist. Sie ist nur der Zeitpunkt, an dem die Angst in der Regel das erste Mal auftritt. Wann sie überwunden werden, hängt von den jeweiligen Bewältigungsstrategien ab.

## Entwicklungsspezifische Ängste

**Frühe Adoleszenz – Pubertät (12 bis 14 Jahre):**
- Identitätsangst
- Sexualangst
- Kontaktangst

**Mittlere Adoleszenz (15 bis 17 Jahre):**
- Zukunftsangst

**Späte Adoleszenz (18 bis 21 Jahre):**
- Autonomieangst

## Fassen wir zusammen

- Jeder Entwicklungsphase bei Kindern und Jugendlichen sind spezifische Ängste zuzuordnen. Diese Zusammenhänge sollte man kennen, um die Angst des Kindes einschätzen und angemessen reagieren zu können.
- Im Zweifelsfall sollten Eltern sich nicht scheuen, fachliche Hilfe in Anspruch zu nehmen.

# Typische Kinderängste

■ Im vorigen Kapitel wurde der Zusammenhang zwischen wichtigen Entwicklungsschritten und damit zusammenhängenden Ängsten aufgezeigt. Im folgenden wird auf einige ganz typische Angstsituationen eingegangen, die beinahe alle Kinder – und damit auch ihre Eltern – in gewisser Weise erfahren. Diese typischen Kinderängste haben oft etwas mit »Projektionen« zu tun. Darunter versteht man den Mechanismus, mit dem ein Mensch eigene Gefühle nicht bei sich, sondern beim anderen oder in anderen Situationen wahrnimmt (siehe Seite 29).

### Beachten Sie

Kinderängste dürfen niemals als dumm oder übertrieben abgetan werden. Sie sollten sich in jedem Fall darum bemühen, die Zusammenhänge zu verstehen.

## Angst vor dem Dunkeln

Plötzlich erleben Eltern, daß ihr Kind, das bisher problemlos in seinem Zimmer schlief, ohne Licht nicht mehr einschlafen will. Oder das Kind traut sich nicht mehr in den dunklen Keller, obwohl es dies doch bisher ganz aufregend fand. Was ist geschehen?

Das Dunkle steht für das Unsichtbare, das Unbekannte. Kinder müssen sich jeden Tag genau damit auseinandersetzten: mit dem, was sie nicht kennen, noch nicht wissen. Sie haben bislang nur immer wieder die Erfahrung gemacht, daß es eine Menge Dinge gibt, die sie ängstigen können. Diese werden sozusagen in das Dunkle hineinprojiziert, d.h. in der Phantasie in die Dunkelheit verlegt. In der Dunkelheit kommen die Gespenster, die Räuber, das Böse schlechthin.

Neben dem projizierten, phantasierten Anteil sind es natürlich auch reale Bedingungen, die die Dunkelheit unheimlich machen.

*Mit zunehmendem Phantasievermögen wird das Dunkle, Undurchdringbare immer geheimnisvoller.*

Plötzlich stolpert das Kind über Schuhe, weil es nichts sieht – und erschrickt fürchterlich. Geräusche lassen sich im Dunkeln nicht zuordnen. Schatten entstehen und wirken bedrohlich. Auch Erwachsene haben im Dunkeln Angst. Deshalb darf man diese Angst des Kindes, auch in der vertrauten Umgebung, nicht einfach abtun: »Du weißt doch, daß hier nichts sein kann …« Wichtig ist, dem Kind Sicherheit zu geben, das Licht eben auch mal brennen zu lassen und es nicht zum »Mutigsein« zu drängen. Dann wird es im Laufe der Zeit unbegründete Ängste überwinden, aber gleichzeitig eine gesunde Zurückhaltung gegenüber Unbekanntem, Dunklem bewahren.

## Beachten Sie

Ein unbeschwertes Kind wird möglicherweise immer mal phasenweise Angst vor der Dunkelheit haben, sich im wesentlichen aber sicher fühlen und sich gleichzeitig in real unsicheren Situationen der Dunkelheit (eine dunkle, unbekannte Seitenstraße) ängstlich zurückhalten.

## Unbekannte Geräusche

Geräusche, deren Ursprung nicht auszumachen ist, versetzen ein Kind in Angst.

Lärm ist besonders für Babys eine Angstquelle; hier spielt die angeborene Schreckreaktion die ausschlaggebende Rolle. Doch auch Kleinkinder können sich wegen plötzlicher Geräusche, die nicht einzuordnen sind, stark ängstigen. Dies gilt natürlich besonders für Geräusche, die nachts, in der Dunkelheit auftreten, zumal der Gehörsinn dann besonders aufmerksam jedes Geräusch registriert. Dabei scheinen Kinder den Lärm oft körperlich zu empfinden. Häufig läßt ein nächtlicher Sturm oder das Klappern eines Fensterladens das Kind einfach nicht einschlafen. Ängstlich hört es auf jede Veränderung.

Sehr sensibel reagieren Kinder auch auf Fluglärm, vor allem plötzlich vorbeirasende Militärmaschinen. Hier kann es sogar zu Weinkrämpfen und Panikreaktionen kommen.

## Mit Geräuschen richtig umgehen

Erklären Sie Ihrem Kind immer, woher ein Geräusch stammt, wie es entsteht und warum es uns ängstigt. Lassen Sie das Kind das Geräusch ganz bewußt wahrnehmen und aushalten. Dann wird dieses allmählich bekannt und verliert seinen Schrecken.

## Angst vor Tieren

Wer kennt die Situation nicht: Ein ziemlich großer Hund läuft schwanzwedelnd auf das Dreijährige zu und springt an ihm hoch. Schreiend in Panik rennt das Kind weg. Da kommt der Hundebesitzer und meint »Der macht nichts, der will nur spielen«.

Stellen Sie sich vor, auf Sie läuft ein Pferd zu, springt an Ihnen hoch – es will »nur spielen«. Sie würden wohl auch nicht ruhig bleiben. Denn entsprechend sind die Größenverhältnisse Kind – Hund. Kein Wunder, daß ein Kind Angst bekommt!

*Ein Hund wirkt auf ein kleines Kind riesengroß.*

*Meerschweinchen und andere Streicheltiere helfen dem Kind, Ängste vor Tieren langsam abzubauen.*

Die Angst vor Hunden ist im Kleinkindalter am häufigsten. Vor allem wohl auch deshalb, weil mit Hunden die meisten direkten

Erfahrungen gemacht werden. Keinesfalls sollte man das Kind drängen, den Hund zu streicheln. Eine gewisse Scheu vor Hunden ist durchaus angebracht. Sie darf sich nur nicht zur übertriebenen Angst steigern. Am besten wirkt hier das Vorbildverhalten der Eltern. Gehen sie unvoreingenommen auf einen (bekannten) Hund zu, gewinnt auch das Kind im Laufe der Zeit Zutrauen.

## Mit Hunden richtig umgehen

**Im Umgang mit Hunden und anderen Tieren spielt das Vorbildverhalten der Eltern eine wichtige Rolle. Die natürliche Scheu des Kindes kann durch elterliche Ängste verstärkt werden; im umgekehrten Fall kann sie durch sicheres Verhalten der Eltern aber auch überwunden werden.**

Ängste vor anderen Tieren entspringen oft stärker der Phantasie und haben mehr mit der Angst vor Monstern oder Gespenstern zu tun. Relativ häufig äußern Kinder Angst vor Krokodilen oder Wölfen. Hierbei spielt auch der bereits beschriebene Prozeß der Projektion (siehe Seite 29) eine Rolle.

### Das Krokodil unter dem Bett

*Die Angst vor unbekannten Gefühlen oder bestimmten Situationen kann auf Tiere projiziert werden.*

Krokodile gelten als unberechenbare, gefräßige und gefährliche Tiere. Sie stehen für all die Empfindungen im Kind, auf die diese Attribute zutreffen. Das Kind fürchtet sich gleichsam vor sich selbst und versucht, Herr der Lage zu werden, indem das Krokodil unter dem Bett gefürchtet und bekämpft wird. Oder das Kind nimmt ängstigende Situationen aus seiner Umgebung oder seiner Erfahrung (z. B. schlagende oder ängstigende Eltern) sozusagen unter dem Bett wahr.

Die Eltern sollten versuchen, diese Zusammenhänge aufzuspüren, und dem Kind helfen, diese Anteile seiner Persönlichkeit anzunehmen. Dies können Sie durch das Erzählen von Geschichten unterstützen (siehe Seite 77f.). Sie können aber auch vor dem Schlafengehen das Krokodil unter dem Bett einfach in die Flucht schlagen.

### Der Wolf im Keller

Plötzlich traut sich das Kind nicht mehr in den Keller, denn da sitzt ein Wolf. Auch in einem solchen Fall kann man nur angemessen reagieren, wenn man um die psychischen Vorgänge weiß, die sich im Kind vollziehen. Ähnlich wie das Krokodil wird hier der Wolf in die »Unterwelt« verlagert. Diese Unterwelt ist die Welt, in der das Gefährliche, das Triebhafte, das Unberechenbare lauert. Für das Kind sind diese in ihm aufkeimenden Gefühle noch nicht faßbar und benennbar. So werden sie in die Gestalt des Wolfes projiziert und damit handhabbarer.

## Angst vor Geistern, Monstern und Gespenstern

Gespenster sind ein Ausdruck des Unheimlichen schlechthin. In ihnen verdichtet sich das Unverständliche, das Unfaßbare der Welt (nicht nur für Kinder). Die Angst vor ihnen ist die Angst vor dem, was nicht verstanden werden kann. Kinder können eine Menge mehr noch nicht verstehen und sind noch mehr als Erwachsene auf ihre Erklärungen und Phantasien angewiesen.

*Das Unheimliche der Welt wird in Phantasiegestalten faßbar.*

Die Angst vor Geistern hat oft mit der Angst vor der Dunkelheit zu tun. Sie sind nicht sichtbar, sind wie Schatten, ohne Körper, schemenhaft. Monster entstammen oft Fernsehsendungen, verselbständigen sich und ergreifen vom Kind Besitz.

Geister und Monster können auch die negativen Gefühle des Kindes verkörpern. Es nimmt diese Empfindungen in sich wahr, kann sie noch nicht benennen und will sie von sich trennen. So werden sie in »böse« Phantasiegestalten umgesetzt.

Verdrängen lassen sich all diese Gestalten nicht. Das Kind muß sich ihnen stellen, sie benennen, mit ihnen reden. Nur dann lassen sie sich bannen, denn die zugrundeliegende Entwicklungsaufgabe ist klar: Das Kind muß sich die Wesenszüge bzw. die Welterfahrungen, die diese Gestalten verkörpern, aneignen und in seine Persönlichkeit integrieren.

## Mit Phantasiegestalten richtig umgehen

**Die Eltern können dem Kind helfen, indem sie die Gespenster ernst nehmen, sich erzählen lassen, was es mit ihnen auf sich hat. Natürlich können Sie auch mit Ihrem Kind auf Geisterjagd gehen; Sie dürfen dabei aber nicht vergessen, daß es sich bei diesen Wesen nicht einfach um »Äußeres« handelt, sondern um Gestalten, deren Unfaßbares in das Kind integriert werden muß.**

## *Angst vor dem Alleinsein*

Der Angst vor dem Alleinsein liegt die Trennungsangst, die tief verwurzelte Angst des Menschen vor dem Alleinsein, zugrunde. Wie stark solche Ängste in der Kindheit ausgeprägt sind, hängt in besonderer Weise von den Erfahrungen im Baby- und Kleinkindalter ab. Hat das Kind damals eine sichere Bindung erlebt (siehe Seite 51f.), weiß es sich sicher und geborgen, so kann es sich leichter trennen in der Gewißheit, die Eltern nicht zu verlieren. Diese Trennungsangst spielt vor allem beim Eintritt in den Kindergarten eine Rolle (siehe Seite 55f.).

*Die Angst vor dem Alleinsein ist in jedem Menschen verankert.*

Diese Angst vor dem Alleinsein wird vor allem dann zum Thema, wenn die Eltern ihr Kind mal allein zu Hause lassen wollen. Ab wann ist dies möglich?

Grundsätzlich gilt, daß man ein Kind nicht gegen seinen Willen allein lassen sollte. Man kann ein Kind langsam an diese Situation heranführen:

- Schaffen Sie ein festes, vertrautes Bezugsfeld, stellen Sie zum Beispiel einen guten Kontakt zur Nachbarin her.
- Machen Sie Ihr Kind mit dem Telefonieren vertraut.
- Bringen Sie Ihrem Kind bei, wie es sich sicher im häuslichen Umfeld zurechtfindet.
- Spielen Sie alle möglicherweise auftretenden Situationen mit dem Kind durch.

Irgendwann wird sich das Kind sicher fühlen, da fast alles Unbekannte ausgeschaltet ist, und es wird den Schritt wagen wollen, sich allein zu Hause zu behaupten.

**Wichtig**

Die Sicherheit, nicht allein zu sein, sondern den zuverlässigen Schutz der Eltern zu haben, gehört zu den unverzichtbarsten Erfahrungen des Kindes. Geben Sie Ihrem Kind diese Gewißheit, solange es sie braucht.

## Nachts ins Elternbett kommen

Die Angst vor dem Alleinsein kann besonders in der Dunkelheit immer wieder hervorbrechen. Alle Kinder wachen zu unterschiedlichen Zeiten nachts auf. Sie unterscheiden sich also nicht durch das Aufwachen, sondern durch die Fähigkeit, sich selber wieder zu beruhigen oder nicht. Ein angstgetriebenes Kind wird beim Aufwachen eher Angstphantasien bekommen oder Angstgestalten sehen als ein selbstsicheres.

Diese Angst treibt ein Kind dann nicht selten aus seinem eigenen Bett ins Elternbett. Dort ist es sicher, behaglich und warm. Es kann sich bei diesem nächtlichen Wandern aber auch um die bloße Sehnsucht nach einem sicheren, schmusigen Kontakt handeln. Oder auch um den Versuch, die Eltern zu kontrollieren, zu sehen, ob sie noch da sind ...

Einen allseits gültigen Ratschlag, wie mit diesen nächtlichen Wanderern verfahren wird, gibt es nicht. Manche Eltern schlafen

*Geben Sie Ihrem Kind besondere Zuwendung, wenn es nachts ins Elternbett kommt, und forschen Sie nach der Ursache*

67

gut mit diesem »Mitschläfer« in ihrem Bett, andere verbannen ihn rigoros. Auf jeden Fall sollte man versuchen zu erkunden, warum das Kind nicht allein wieder einschlafen kann, und ihm durch besondere Zuwendung über diese Phase hinweghelfen. Wichtig ist, daß der angestammte Schlafplatz immer das eigene Bett bleibt.

### Alpträume

Alpträume sind, wenn sie ab und zu vorkommen, Ausdruck der seelischen Verarbeitung von Situationen oder Erlebnissen, die für das Kind schwierig sind. Kommen diese gehäuft und zeitlich überdauernd vor (z. B. über mehrere Wochen jede zweite oder dritte Nacht), sind sie Ausdruck nur schwer verarbeitbarer Erlebnisse. In diesem Fall sollte immer ein Fachmann zu Rate gezogen werden.

## *Angst vor anderen Menschen*

Eine gewisse Scheu und Unsicherheit vor anderen Menschen ist normal. Sie entwickelt sich von der anfänglichen Offenheit des Säuglings über die sogenannte Acht-Monats-Angst oder das Fremdeln zu einer langsam anwachsenden Sicherheit bei der Begegnung mit anderen Menschen.

> Schüchternheit kann ein Kind in seiner Entwicklung stark hemmen.

Ob ein Kind forsch oder eher zurückhaltend ist, hat auch mit seiner Veranlagung zu tun (siehe Seite 33f.). Doch das scheinbar sehr neutrale, eher positive Etikett der »Schüchternheit«, das man diesen Kindern gern verleiht, darf nicht darüber hinwegtäuschen, daß das betroffene Kind oft sehr unter seiner Kontaktscheu leidet und für seinen weiteren Lebensweg eine schwere Hypothek hat. Daher bedürfen diese oft leisen, »pflegeleichten« Kinder besonderer Aufmerksamkeit. Denn allzu leicht wird aus der Schüchternheit eine soziale Phobie.

Ähnliches gilt für die Angst vor Kindern: Eine anfängliche Scheu, ein langsames Warmwerden ist normal, eine andauernde Angst vor anderen Kindern dagegen nicht. (Aber auch die völlige Angstfreiheit, die Distanzlosigkeit ohne jegliche Scheu ist auffällig!)

**Kinder, die eine übermäßige und andauernde Angst vor anderen Menschen haben, eine Angst, die nichts mehr mit Scheu zu tun hat und sich mit der Zeit nicht legt, brauchen therapeutische Hilfe.**

Die Eltern dürfen die Schüchternheit und Kontaktscheu ihres Kindes keinesfalls unterstützen oder gar kultivieren. Sie müssen ihm vielmehr häufige Gelegenheit zum zwanglosen Zusammensein mit anderen Kindern geben. Sie dürfen ihm nicht alles »abnehmen«, sondern müssen es auch einmal selbst unangenehme Situationen mit anderen Menschen durchstehen lassen.

Besonders wichtig ist, das Selbstwertgefühl des Kindes zu stärken. Dafür gibt es viele Möglichkeiten, zum Beispiel:
- Fördern Sie Ihr Kind in einem besonderen Hobby.
- Regen Sie Ihr Kind zum Sporttreiben an.
- Übertragen Sie Ihrem Kind soziale Aufgaben.

**Fassen wir zusammen**

- Manche typischen Kinderängste gehen auf eine natürliche Scheu, eine angeborene Schreckreaktion zurück (z. B. vor Geräuschen, Hunden usw.).
- Manche Kinderängste sind aber auch Projektionen innerer, unbennenbarer Gefühle in Phantasiegestalten oder scheinbar äußere Bedrohungen.

# Mädchenängste – Jungenängste

■ Sind Mädchen ängstlicher als Jungen? Wirkt ängstliches Verhalten bei Mädchen ein bißchen kokett, bei Jungen einfach feige? Oder ist dieses Rollenverhalten heute nicht längst überholt? Der kleine Macho und die schwache Lady – gilt das immer noch?

Stellen wir uns zunächst die Frage, welchen Einfluß geschlechtsspezifisches Verhalten von Männern und Frauen, Müttern und Vätern hat und welche Erwartungen an dieses Verhalten immer noch gelten, d. h., wie wir unsere Kinder prägen.

## Rollenverhalten in der Erziehung

Viele Verhaltensweisen von Jungen und Mädchen sind geschlechtsspezifisch; es gibt bestimmte Stereotype, die unabhängig von den jeweiligen individuellen Bedingungen auf Jungen und Mädchen übertragen werden. So neigen Jungen grundsätzlich dazu, ihre Konflikte auszutragen, in Form eines offensiven oder aggressiven Verhaltens auszudrücken. Mädchen hingegen haben eher die Tendenz, Konflikte für sich zu behalten, sie innerlich zu lösen; sie sind introvertierter.

Dieser Umstand ist Ausdruck der Rollenerwartungen, die wir auch heute noch an Mädchen und Jungen haben und die – nicht unbedingt bewußt – an die Töchter und Söhne weitergegeben werden. Der Vorsatz einer Mutter, ihre Tochter auf jeden Fall nicht zu einem schüchternen, zurückhaltenden Mädchen zu erziehen, hilft dagegen nur teilweise, weil die genannten Rollenerwartungen auch aus dem Umfeld transportiert werden. Darüber hinaus orientiert sich jedes Mädchen bezüglich ihrer Geschlechtsidentität an seiner Mutter und jeder Junge an seinem Vater. So ist es zu verstehen, daß sich Veränderungen hinsichtlich eines bestimmten Rollenverhaltens nur sehr langsam von Generation zu Generation vollziehen. Es ist aber sehr hilfreich, sich diese gesellschaftliche Bedingtheit immer wieder bewußt zu machen; nur so kann man eingefahrene Verhaltensmuster aufbrechen.

> Dem gesellschaftlichen Rollenverhalten kann man nicht völlig entgehen.

## »Indianer kennen keinen Schmerz!«

Auch wenn diese Maxime heute für viele Männer nicht mehr aus-
drücklich gilt, so ist das Bild von Männlichkeit immer noch durch
Kraft, Überlegenheit und Angstfreiheit gekennzeichnet. Diese Vorstellung verbindet sich sehr schnell mit der schon beschriebenen
Angst vor der Angst (siehe Seite 25ff.). Ein kleiner Junge lernt sehr
bald, daß Angst nicht zu seinem Selbstbild passen darf, daß andere ihn dann als Angsthasen oder Hasenfuß abwerten. Unbewußt
kann es sogar sein, daß diese Erwartung dem Jungen »recht« ist,
weil er Schwierigkeiten mit der spürbaren Angst hat. So hat er
mehrere Gründe, behaupten zu können: »Ich habe keine Angst!«

*Angst ist nicht
»männlich« –
das lernen Jungs
schon früh.*

### Die Rolle des Vaters

**Ein starker Vater ist ein Vater, der sich und seinen Kindern ein-
gestehen kann, daß auch er Angst hat!**

Viele Kinder sind überzeugt, daß ihre Eltern die besten, klügsten
und stärksten Menschen sind. Das gilt auch für die Jungen, die sich
überhaupt nicht vorstellen können, daß ihr Vater einmal weinen
könnte oder Angst hat. Wenn diese Idealisierung auf eine Realität
trifft, in der sich der Vater tatsächlich keine »Schwäche« vor seinen
Kindern, insbesondere vor seinem Sohn, eingestehen will, dann
wird das Bild der unverletzlichen Männlichkeit von Generation zu
Generation weitergegeben.

*Jungen müssen
lernen, sich ihrer
Angst zu stellen.*

Die Tatsache, daß Angst angeblich eine Schwäche ist, verhindert
für viele Jungen, sie in sich wahrzunehmen und zu lernen, mit der
Angst angemessen umzugehen. Gerade Jungen brauchen Väter, die
sich nicht als unverletzlich und angstfrei darstellen. Nur dann können sie den Mut aufbringen, sich der Angst zu stellen, zu erfahren,
daß Angst zum Leben dazugehört, daß man sie nicht überwindet,
indem Mann so tut, als sei sie nicht da.

71

**Fallbeispiel** Im Aquarium des Zoos steht der achtjährige Peter mit seinem Vater vor dem Becken mit den Piranhas. Peter ist beeindruckt und auch beängstigt von den Schilderungen des Vaters über die Gefräßigkeit der Tiere. Plötzlich, nach einer Zeit des gemeinsamen Schweigens und Betrachtens der Fische, greift ihn der Vater von hinten an mit den Worten: »Paß auf, jetzt holen sie dich!«

Solche Beispiele kann man täglich beobachten. Betrachtet man das väterliche Verhalten nur oberflächlich, könnte man meinen, daß er einfach unbedacht seinem Sohn einen schreckhaften Schabernack spielen wollte. Doch die tiefere Interpretation lautet, daß sich Väter dadurch auf Kosten ihrer Söhne auf die »angstfreie« Seite schlagen.

## *Das »schwache Geschlecht«*

Auch Töchter sollten erleben, daß ihr Vater Angst hat. Denn sie wachsen damit auf, daß Angst eher zu Mädchen als zu Jungen gehört. Dies kann sich so weit steigern und verdrehen, daß von Mädchen geradezu erwartet wird, daß sie immer ein wenig ängstlich, scheu und zurückhaltend sind. Auf gar keinen Fall »dürfen« sie so draufgängerisch wie die Jungen sein. Das »schwache Geschlecht« zwingt sie unter Umständen in eine übermäßige Wahrnehmung der Angst, die nicht selten gekoppelt ist mit einem schlechten Selbstwertgefühl und wenig Selbstvertrauen – zumindest weniger als die Jungen. Sehr schnell manifestiert sich das Gefühl, weniger zu haben, weniger zu können, weniger zu sein. Dann ist plötzlich Realität geworden, was ihnen als Geschlechterrolle zugewiesen worden ist. In der bekannten Dynamik von schwach und stark, von ängstlich und mutig »brauchen« die Mädchen den Schutz der Jungen – und das traditionelle Klischee ist wiederhergestellt.

Daher müssen Mädchen erleben können, daß nicht nur die Mutter Angst hat, sondern daß »Stärken« und »Schwächen« zwischen

Töchter »dürfen«, ja sollen sogar ein bißchen ängstlich sein – das wird erwartet.

Vater und Mutter aufgeteilt sind. So kann z. B. die Mutter oft viel mutiger mit schwierigen Gefühlen umgehen; sie tut nicht – wie der Vater – so, als sei nichts gewesen. Entscheidend wird sein, ob dieser Mut oder diese Fähigkeit vom Vater anerkannt oder – was sicher oft vorkommt – abgewertet wird.

## Die Rolle der Mutter

Eine starke Mutter ist eine Mutter, die ihre starken Seiten nicht an den Vater abzugeben versucht.

Bezüglich der Ausbildung spezieller Ängste lassen sich nur begrenzt Aussagen darüber treffen, was mädchen- bzw. jungenspezifisch ist. Tendenziell entwickeln Mädchen (ab dem Schulalter) häufiger Tierphobien, insbesondere Angst vor Spinnen oder Mäusen. Jungen sind eher beschäftigt mit Angst vor fremden Mächten, Monstern oder Horrorfiguren.

## Fassen wir zusammen

- Angstausprägungen sind auch geschlechtsspezifisch.
- Väter und Mütter sollten sich kritisch fragen, welche Vorstellungen sie über Frauen und Männer haben.
- Bestimmte Ängste treten häufiger bei Mädchen, andere häufiger bei Jungen auf und hängen mit den Rollenerwartungen zusammen.

# Was können die Eltern tun?

■ Ängste gehören zur Entwicklung einer selbstsicheren und lebendigen Persönlichkeit. Es kann also nicht darum gehen, alle Ängste des Kindes schnell zu beseitigen. Wichtig ist vielmehr, Kinder mit ihren Ängsten nicht allein zu lassen. Sie sollten Ihrem Kind helfen, die Angst zu integrieren, oder ihm Mut machen, so daß sich die Angst langfristig vermindern läßt.

Auch wenn Eltern wissen, daß das Auftreten von Ängsten eng mit bestimmten Entwicklungsschritten zusammenhängt, dürfen sie diese Ängste nie einfach als »vorübergehende Erscheinung« abtun. Sie müssen sich immer verstärkt dem Kind zuwenden, auf es eingehen und ihm Hilfestellung zur Bewältigung und Überwindung dieser Ängste geben.

*Die Ängste des Kindes sollten ernstgenommen, aber nicht dramatisiert werden.*

Im Umgang mit ängstlichen Kindern ist dabei von entscheidender Bedeutung, mit welcher Haltung die Erwachsenen der Angst begegnen. Dabei sind oft geschlechtsspezifische Unterschiede zu beobachten: Väter (oder Männer) reagieren eher angstabwehrend, d.h. sie vermitteln dem Kind, daß seine Angst übertrieben oder unnötig ist. Doch Angst wird nicht weniger bedrohlich, indem man so tut, als sei alles nicht so schlimm!

Mit der Angst ist es ähnlich wie mit Schmerzen: Wenn ein Kind sagt, daß es Angst hat, dann ist es die psychische Wahrheit des Kindes, die von außen nicht überprüft werden kann (das gilt natürlich ebenso für Erwachsene).

*Kinder brauchen Sicherheit und Geborgenheit.*

Hilfreich bei Angst ist in erster Linie eine Umgebung, die Sicherheit bietet; sie baut Angst ab, weil sich das Kind geschützt, aufgehoben und verstanden fühlt. Diese vermittelte Sicherheit muß authentisch, d. h. echt und wahrhaftig sein. Kindern Sicherheit vorzuspielen, obwohl man selbst Angst empfindet, hilft wenig, weil Kinder spüren, in welcher Verfassung ihre Eltern sind.

Über die Bedeutung des elterlichen Einfühlungsvermögens wurde bereits (siehe Seite 44f.) gesprochen. Wenn die Eltern für die Empfindungen ihres Kindes sensibel sind, werden sie spüren, auf welche Weise sie ihrem Kind am besten helfen können – oft durch ein Gespräch, durch Zuhören, durch in Szene setzen der Ängste im Rollenspiel oder durch die Stärkung des kindlichen Selbstbewußtseins, z. B. durch Sport, Freundschaften oder Musik.

Es gibt aber auch Formen der Angst, in die sich ein Kind hineinsteigert oder die schlichtweg aus Unwissenheit bestehen. Dann kann es hilfreich sein, dem Kind zu verdeutlichen, daß es keine Angst zu haben braucht. So kann man einfach einmal nachschauen, ob denn nun tatsächlich ein Drachen im Keller sitzt, oder dem Krokodil unter dem Bett ein Schälchen Milch hinstellen, damit es vom Feind zum Freund wird.

## Die Phantasie stärken

Das Kindergartenalter ist die Zeit der magischen Weltsicht. Viele Kinder leben stark in ihrer Phantasie, vermischen Wirklichkeit und Träumerei. Oft machen sich die Eltern Sorgen, fragen sich, ob das Kind lügt oder »spinnt«. Doch diese Fähigkeit, Probleme der Realität im Bereich der Phantasie durchzuspielen, ist sehr wertvoll. In ihrer Phantasie werden kleine Kinder zu starken Helden, bekämpfen ihre Dämonen der Nacht, gewinnen Macht über das sie bedrohende Nachbarskind oder werden zum Löwenbändiger. Andere Kinder erschaffen sich Phantasiegefährten, die ihnen zur Seite stehen und mit denen sie stark sind.

*In seiner Phantasie wird das Kind zum mutigen Helden, der alle Abenteuer besteht.*

Kinder mit einer regen Phantasie sind in der Regel sehr lebendig. Sie sind in der Lage, sich eine eigene Welt zu schaffen, in der sie ihre Ängste aushalten und überwinden können. Sie können ihre Gefühle, ihre Vorstellungen in Bilder fassen und damit weiterentwickeln. Und nicht zuletzt geben sie damit auch den Eltern einen Schlüssel zu ihrem Seelenleben an die Hand.

**Beachten Sie**

Tun Sie die Phantasiegeschichten Ihres Kindes nie als »Spinnerei« ab; ermutigen Sie es vielmehr, sich in seiner Phantasie auszumalen, wie es mit seiner jeweiligen Angst umgehen könnte – wie es stärker und mutiger werden kann.

## Über Ängste und Gefühle reden

Manche Kinder können ihre Ängste genau benennen: Sie haben Angst vor Bienen, Gewittern oder einem Nachbarskind. Bei diesen mitteilungsfreudigen Kindern kommt es vor allem auf das richtige Zuhören an:

*Die wichtigste Kunst der Eltern: dem Kind zuhören können.*

- Lassen Sie das Kind sprechen.
- Unterbrechen Sie es nicht gleich mit Ratschlägen oder Schlußfolgerungen.
- Bekunden Sie durch unterstützende Äußerungen Ihre Aufmerksamkeit.
- Verzichten Sie auf Bewertungen.
- Und vor allem: Lassen Sie sich Zeit, setzen Sie sich zum Kind, schauen Sie es an und nehmen Sie es vielleicht in den Arm.

Erst wenn sich das Kind seine Gefühle von der Seele geredet hat, dürfen die Eltern durch behutsames Nachhaken Details erfragen. Anschließend wird im gemeinsamen Gespräch nach Lösungen gesucht; dabei können verschiedene Möglichkeiten in der Phantasie durchgespielt und ganz konkrete Schritte für die weitere Vorgehensweise festgelegt werden.

Schwieriger ist es meist, den Ängsten verschlossener Kinder auf die Spur zu kommen (siehe Seite 43f.). Hier müssen Eltern besonders aufmerksam sein, auf kurze, beiläufige Bemerkungen des Kindes achten. Manche Kinder öffnen sich in bestimmten Situationen, beispielsweise wenn sich die Mutter oder der Vater abends noch kurz zu ihm ans Bett setzt. Keinesfalls darf das Kind ständig bedrängt werden: »Nun sag schon, was los ist.« Hat das Kind das Gefühl, daß die Eltern aufmerksam, aber nicht zudringlich sind, wird es sich bestimmt bald mitteilen – oft in einem scheinbar ganz unpassenden Zusammenhang. Wichtig ist dann, daß die Eltern diesen Gesprächsversuch nicht übersehen oder gar abblocken, weil gerade etwas anderes wichtig ist; sie sollten sich aber auch nicht gleich freudig darauf stürzen und das Kind wieder verschrecken.

*Drängen Sie Ihr Kind nicht zum Gespräch.*

Manchmal ist es auch hilfreich, andere Vertrauenspersonen einzubeziehen, etwa den Kontakt zu der geliebten Oma zu verstärken; vielleicht teilt sich das Kind dort mit.

## Beachten Sie

Ein offenes Ohr, Zeit und Gesprächsbereitschaft, auch in angespannten Situationen, gehören zu den wertvollsten Gaben, die Sie Ihrem Kind schenken können. Aber: Nicht immer muß alles besprochen werden! Geheimnisse sind erlaubt.

## Geschichten und Märchen: Heilmittel gegen die Angst

Alle Kinder lieben Geschichten und Märchen. Das Einfühlen in andere Menschen bereichert ihren Erfahrungsschatz und bietet immer neue Identifikationsmöglichkeiten. Außerdem lernt das Kind aus Geschichten Grundprinzipien unserer Welt kennen und übernimmt Verhaltensmuster. An Märchen erkennt das Kind eigene Gefühle und Erlebnisweisen wieder, die es selbst noch gar nicht benennen kann oder auch will. So erfährt es in der Geschichte Lösungsmöglichkeiten für Probleme, die es übernehmen kann, ohne sich diesem Problem selbst bewußt stellen zu müssen.

Eine besondere Bedeutung kommen Geschichten und Märchen daher bei der »Behandlung« der kindlichen Angst zu. Märchen

*Märchen bieten dem Kind Identifikationsangebote; sie zeigen, daß Ängste zu etwas Gutem führen und vorbeigehen.*

schildern im Grunde meist die psychische Entwicklung eines Menschen. Es geht darum, mit bestimmten Situationen (psychischen Anforderungen) fertig zu werden, und dann kann Glück herrschen, »wenn sie nicht gestorben sind«.

In vielen Märchen geht es um Angst und deren Überwindung. Dabei werden immer auch scheinbar unlösbare Probleme überwunden. Kinder sind oft gerade von den Stellen im Märchen fasziniert, die ihre augenblickliche psychische Situation widerspiegeln. Sie verstehen intuitiv, daß es sich nicht um konkrete und reale Vorgänge handelt, sondern um beispielhafte Geschehnisse.

Das Kind erfährt, daß Probleme und Ängste zum Leben gehören und daß man sich ihnen stellen muß. Es versteht instinktiv die Botschaft der Märchen und Geschichten, daß man an der Überwindung dieser Ängste in seiner Persönlichkeit wächst.

## Welche Märchen sollte man auswählen?

**Beim Vorlesen sollten die Eltern ein Märchen wählen, das eine ähnliche Thematik bietet, wie die von den Eltern vermutete Angst. Kinder zeigen, welches Märchen bereits langweilig, welches aktuell und welches zu früh ist! Es ist interessant, daß Kinder das Märchen, das gerade »paßt« – das also genau das Problem behandelt, mit dem sie zu kämpfen haben –, immer wieder hören wollen. Zeigen Sie dafür Verständnis! Denn es ist sehr wichtig, diesem Wunsch des Kindes nachzugeben. So nährt dieses spezielle Märchen die Hoffnung, daß die gerade existierende Angst überwindbar ist.**

Eine sehr schöne und hilfreiche Möglichkeit besteht darin, dem Kind Identifikationsmöglichkeiten anzubieten, mit Hilfe derer es in der dritten Person über sich selbst berichten kann. Erzählen Sie eine Geschichte, in der ein Kind ein ähnliches Erlebnis hat. Über Veränderungen des Verlaufs können Sie herausbekommen, was Ihr Kind beschäftigt, und diese Probleme gleichzeitig bearbeiten.

## Ängste beim Malen ausdrücken und bannen

Beim Malen und Zeichnen bewältigen Kinder ihre Erlebnisse und bringen an den Tag, was sie beschäftigt. Vielleicht ist für ein ruhiges und zurückhaltendes Kind gerade dies eine Möglichkeit, sich auszudrücken. Daher sollten die Eltern ihrem Kind zu jeder Zeit Stifte und Papier bieten, so daß es spontan die Möglichkeit hat, seine Gefühle und Gedanken umzusetzen.

Aus Kinderbildern kann man natürlich sehr viel herauslesen. Doch man sollte bei der Interpretation vorsichtig sein. Ein schwarzes Bild, ein bedrohliches Tier müssen noch nicht auf tiefsitzende Ängste hinweisen. Wenn das Kind jedoch immer nur mit dunklen Farben malt oder immer wieder angsterregende Motive zeichnet, sollte man vorsichtig versuchen, mit dem Kind über seine Bilder zu sprechen, um zu erfahren, was es damit ausdrücken will. Auf diese Weise können Eltern über die Bilder ihres Kindes Zugang zu seinen Ängsten finden. Denn Kinderbilder sind immer ein Schlüssel zum Verständnis des inneren Erlebens.

*Beim Malen können Kinder ihre Erlebnisse bewältigen.*

## Malen zur Überwindung von Ängsten

Ermuntern Sie Ihr Kind, nicht immer nur die beängstigende Situation zu malen, sondern auch Möglichkeiten, wie es sich gegen die beängstigende Situation wehren könnte, z. B. indem es mit Schutzschild und Schwert gewappnet dem Drachen gegenübertritt. So erschafft Ihr Kind konkrete Bilder von sich selbst als Sieger über die Angst.

*Das kreative Gestalten mit verschiedenen Materialien ermöglicht es, Ängste erkennbar darzustellen. So können die Situationen umgestaltet werden.*

Doch nicht nur Malen auf Papier, sondern auch überdimensionale Riesen, mit Kreide auf die Straße gebannt, Monster in Collage-Technik, aus verschiedensten Materialien gefertigt, oder Hexen, aus Ton geformt, machen die Ängste greifbar und damit veränderbar. Unter Umständen entwickeln Kinder dabei auch eine Lust an der Bewältigung des Bösen, ohne daß sie eine Fixierung an die Beschäftigung mit dem Horror entwickeln – was ein Hinweis auf eine gescheiterte Angstbewältigung wäre.

### Im Rollenspiel Angst überwinden

*Sich ausprobieren – darin liegt der Reiz des Rollenspiels.*

In verschiedensten Situationen spielen Kinder oft Ängste nach. Dabei schlüpfen sie selbst in die Rolle des Wesens, das ihnen angst macht. Sie sind das Gespenst, das die anderen erschreckt, das gefährliche Tier oder der böse Räuber. Indem sie diese Rollen übernehmen, eignen sie sich selbst diese bedrohlichen Teile an und werden Herr darüber.

Doch die Kinder spielen nicht nur das Bedrohliche nach, sondern auch die tollen Helden – da verkleidet sich der kleine Junge als Supermann, das Mädchen wird zu einer guten Fee. So werden sie im Spiel mächtig und stark, Ängste können ihnen nichts anhaben.

Eltern sollten Spielsituationen für Rollenspiele fördern und anbieten. Doch die Handlung darf keineswegs vorgegeben werden. Das Ängstigende kann nur ausgedrückt werden, wenn es sich frei und spontan entwickelt. Kinder haben ein gutes Gespür für Detektive, die nicht wirklich mit ihnen spielen, sondern nur etwas Bestimmtes herausfinden wollen!

Viele Kinder spielen Rollenspiele gern untereinander ohne Eltern. Dennoch: Am Rollenspiel können sich auch die Eltern immer wieder beteiligen. Das ängstliche Kind darf die Rollen verteilen. Und es darf während des Spiels den Ablauf auch immer wieder korrigieren. Es ist wichtig, daß seine Vorstellungen zum Ausdruck kommen. Später können die Eltern in der Rolle z. B. der Geängstigten versuchen, alternative, hilfreiche Verhaltensweisen im Umgang mit der gespielten Angstsituation anzubieten.

*Rollenspiele können auch mit Puppen, Kasperle- oder Playmobil-Figuren durchgeführt werden.*

## Beachten Sie

**Im Rollenspiel kann das Kind eine andere Identität annehmen. Es kann »gefährlich und bedrohlich« oder »stark und mutig« werden. Verhaltensweisen und Gefühle werden so ausgetestet und angeeignet.**

## Rituale gegen die Angst

Kinder lieben und brauchen Rituale. Sie geben Sicherheit und vermitteln eine übergreifende Ordnung: die Teestunde am Nachmittag, das abendliche Zubettgehen, das Frühstück am Wochenende, der Ablauf des Geburtstagsfestes – nach klaren Regeln geplant und durchgeführt.

Diese Rituale sind von Familie zu Familie sehr unterschiedlich und entsprechen den speziellen Bedürfnissen und Anforderungen aller Familienmitglieder. Solche Rituale können auch Ängste überwinden helfen. Kinder, die mit festen Abläufen und vorhersehbaren Situationen aufwachsen, sind in der Regel stärker gewappnet gegen Ängste. Und sie entwickeln oft intuitiv eigene Rituale, wenn sie sich doch einmal bedroht fühlen. Es ist der

Schutz durch das Bekannte, Vertraute, der hilft, dem Bedrohlichen entgegenzutreten, wenn diese Regeln nicht zu starr sind, sondern eben nur: Rituale.

Welches Ritual gegen Ängste entwickelt wird, ist natürlich ganz unterschiedlich. Wichtig ist, daß es zum Temperament und zur Art des Kindes, aber auch zu der jeweiligen Angst paßt. Das Ziel von Ritualen ist aber nicht, Kinder vor möglichst jeder Angst zu bewahren!

Mutter und Kind können sich zum Beispiel bei einem heftigen Gewitter auf dem Sofa zusammenkuscheln und sich Geschichten erzählen. Gespenster lassen sich manchmal durch eine Duftlampe vertreiben, viele Monster haben Angst vor Feuer und verschwinden, wenn man eine Kerze anzündet. Singen Sie zusammen ein bekanntes Lied, wenn Ihrem Kind etwas unheimlich zumute wird.

*Rituale schaffen Sicherheit und helfen, die Angst zu überwinden.*

## Beachten Sie

Das Ausführen von vertrauten und bewährten Handlungen vermittelt in angstbesetzten Situationen Schutz und Sicherheit. Es kann gleichsam zu einem beschwörenden Ritual gegen das Bedrohliche werden.

Rituale können wie eine Beschwörungsformel gegen die Angst wirken, bis diese immer kleiner wird und schließlich ganz verschwindet. Hierbei kann sich das Kind seinen ganz speziellen Mut-mach-Spruch ausdenken, um gegen die Angst anzugehen.

## Wichtig

Ein Ritual ist eine verläßliche, feste Gewohnheit, die dem Kind Orientierung in einer oft undurchschaubaren Welt bietet. Jede Familie sollte ihre eigenen Rituale entwickeln und beibehalten, solange alle Beteiligten es wollen.

## *Entspannung und Stille – kein Platz für die Angst*

Angst geht meist mit Verkrampfung einher. Leicht steigert sich ein Kind immer weiter in seine Angst hinein und wird gar nicht mehr rational ansprechbar. Wie stark die körperlichen Reaktionen sind, die bei Angst ablaufen, wurde bereits besprochen (siehe Seite 38f.).

### Beachten Sie

Für einen konstruktiven Umgang mit Ängsten aller Art ist es für ein Kind sehr hilfreich, sich bewußt entspannen zu können, um nicht von der Angst übermannt zu werden.

Hektik, intellektuelle und emotionale Überforderung, »Streß« und Reizüberflutung können Ängste verstärken und deren Überwindung hemmen. Ihre eigenen Möglichkeiten, sich beispielsweise trotz Leistungsdruck im Beruf entspannen zu können und Stille zu genießen, werden auch Ihren Kindern in Streßsituationen helfen.

Sie können Ihr Kind natürlich nicht vor all diesen Merkmalen unserer Zeit schützen; dennoch haben Sie die Möglichkeit, Zeiten der Stille und Entspannung einzuführen und als wirksame Methode der Angstverminderung kennenzulernen. Dazu zählen:

- Zeiten, in denen Fernseher oder Radio nicht angeschaltet sind.
- Mittagspausen, in denen sich jeder in der Familie ruhig verhält.
- Wichtig für Kinder mit Angst ist es, daß sie nicht täglich mit einem vollen Nachmittagsprogramm (z. B. Nachhilfe, Sport, Musik) »ausgebucht« sind, sondern Zeiten sowohl der Entspannung und Stille als auch der »ungeplanten« Freizeit (z. B. zum Spielen) haben.

*Schaffen Sie Zeiten der Stille und Entspannung, um Ängste abzubauen.*

Sollten diese Tips nicht ausreichen, können Entspannungsübungen dem Kind helfen, sich gegen übermäßigen Streß und Angst zu

*Entspannungsübungen helfen dem Kind, seine körperlichen und geistigen Reaktionen steuern zu lernen.*

schützen. Es gibt verschiedene Entspannungsmethoden: Autogenes Training, Yoga bis hin zu imaginativen Techniken. Welche Form für das jeweilige Kind am besten geeignet ist, kann nur durch ein »Hineinschnuppern« in die Technik erfahren werden. Kurse hierzu werden von vielen Institutionen, beispielsweise Volkshochschulen, angeboten. Es sind auch zahlreiche Bücher zu diesen Themen erhältlich. Hier kann man dem Kind verschiedene Angebote machen.

Der Nutzen dieser Entspannungsmethoden besteht darin, daß das Kind lernt, sich bewußt mit seinem Körper auseinanderzusetzen und seine Reaktionen zu beeinflussen. Der erste Schritt dazu ist das Zurückziehen in eine reizarme, ruhige, »sichere« Umgebung. Dort versucht das Kind, sich von allen äußeren Störfaktoren frei zu machen. Als nächstes konzentriert es sich auf seine Atmung, die zentral für alle körperlichen Abläufe ist. Auch durch dieses konzentrierte Denken an den einfachen Vorgang des Atmens wird der Geist bereits von den Ängsten abgelenkt. Je nach Entspannungsmethode konzentriert sich das Kind dann auf geistige Bilder, auf körperliche Abläufe oder auf die Durchführung bestimmter körperlicher Haltungen. All dies zentriert seine Aufmerksamkeit auf seinen Körper, zeigt ihm, daß es selbst in der Lage ist, seine körperlichen wie geistigen Reaktionen zu steuern.

## Sport macht stark

*Das Vertrauen in die Fähigkeiten des eigenen Körpers bietet einen wichtigen Schutz vor übertriebenen Ängsten.*

Angstanfällig sind vor allem zurückhaltende Kinder mit wenig Selbstvertrauen. Oft haben sie auch ein mangelndes Körpergefühl, d. h. sie fühlen sich in ihrem Körper nicht richtig zu Hause. Ihnen kann durch Bewegung und Sport geholfen werden. Durch aktives Handeln, durch Ausprobieren und Trainieren körperlicher Fähigkeiten werden Kraft und Stärke und auch Stolz auf das eigene Können erworben.

Die Art der sportlichen Betätigung kann dabei ganz unterschiedlich sein. Manchen kleinen Kindern genügt schon das Schaukeln in der Hängematte, das ihnen Geborgenheit und ein angenehmes Körperempfinden vermittelt. Darüber hinaus ist das ganz normale Spielen im Freien, das Rennen, Toben, Auf-Bäume-Klettern und Erkunden der Umgebung von besonderer Bedeutung. Davon sollten die Eltern ihr Kind keinesfalls aus Angst, daß etwas passieren könnte, abhalten. Vielmehr sollten sie ihr Kind langsam an diese Aktivitäten heranführen, sie anfangs begleiten und unterstützen und immer weiter freigeben. Das schenkt dem Kind Sicherheit und Selbstvertrauen und fördert seine körperliche Geschicklichkeit. Daher ist es auch wenig förderlich, Kindern bei Schulschwierigkeiten den Sport »als Strafe« zu streichen.

*Sportliche Betätigung stärkt das Körperbewußtsein und gibt Selbstvertrauen.*

## Mannschaftssport

Eine bestimmte Sportart, insbesondere Mannschaftssportarten, ist für die kindliche Entwicklung und damit auch für die Verminderung von Ängsten und mangelndem Selbstwertgefühl förderlich. Schüchterne Kinder können beispielsweise bei Fuß-, Hand- oder Volleyball erfahren, daß sie ein wichtiger Teil der Mannschaft sind. Außerdem können sie hier Freunde gewinnen, die wiederum Sicherheit und Stärke schaffen.

## Reiten

Geradezu therapeutisch wirkt auf manche ängstliche oder auch schüchterne Kinder der Umgang mit Pferden. Reiten oder Voltigieren verbessert in besonderer Weise die Körperwahrnehmung. Der Kontakt mit dem Pferd und die zunehmende Beherrschung des Tieres fördern außerdem das Selbstvertrauen des Kindes. Auch die Liebe zum Tier stellt für das ängstliche Kind eine wichtige Bereicherung dar.

### Kampfsportarten

Viele Eltern fragen sich, ob ihr Kind nicht eine Kampfsportart erlernen sollte, um gegen die »Gewalt draußen« gewappnet zu sein. Dies ist unserer Auffassung nach nur bedingt richtig. Kinder (auch Erwachsene) bleiben gegen die teilweise massive Gewalt »draußen« verletzlich, auch mit Kampfsport-Kenntnissen. Gegen ein Messer oder innere Angst hilft das beste Judo nichts!

Man sollte Kindern nicht die Illusion belassen, daß sie mit Kampfsport sozusagen »unbesiegbar« sind, sondern ihnen eher verständlich machen, daß »Weglaufen« und »Nicht auf Provokation eingehen« häufig besser als jeder Kampfsport sind. Dennoch kann beispielsweise Judo eine durchaus empfehlenswerte Sportart sein. Kinder erwerben hier ein ganz bewußtes Körpergefühl, erlernen einen geschmeidigen Umgang mit ihrem Körper. Hier steht keineswegs der Kampfcharakter an vorderster Stelle, sondern die Freude an fließenden Körperabläufen und an gewandter Körperbeherrschung; außerdem lernt das Kind ethische Werte wie Fairneß und Respekt vor dem anderen kennen. Daß das Kind sich damit im Notfall auch zu verteidigen weiß, gibt ihm Sicherheit und ist ein weiteres Hilfsmittel gegen Ängste.

### Fassen wir zusammen

- Das beste Mittel im Umgang mit der Angst Ihres Kindes: Stärken Sie sein Selbstvertrauen.
- Fördern Sie Freundschaften Ihres Kindes, übertragen Sie ihm Aufgaben, lassen Sie es anderen Menschen helfen.
- Geben Sie Ihrem Kind die Möglichkeit, Hobbys nachzugehen und unterschiedliche Interessen zu entwickeln.
- Ein selbstbewußtes, lebensfrohes Kind ist gegen übermäßige Ängste am besten gefeit.

# Angststörungen

■ In den vorangegangenen Kapiteln wurde ausgeführt, daß die Angst des Kindes häufig etwas ganz Normales ist. Sie gehört zu vielen Entwicklungsphasen und beeinträchtigt oft nicht allzusehr den Alltag oder die Entwicklung des Kindes. Vielleicht kann ein Kind vorübergehend nicht im Dunkeln einschlafen, oder es kann nicht auf eine Almwiese gehen, weil es Angst vor Kühen hat. Dennoch behindern »normale« Ängste in der Regel weder den Schulbesuch noch den Kontakt zu Gleichaltrigen oder den Besuch beim Sportverein.

Ganz anders bei den Angststörungen!

Hier beeinträchtigt die Angst den Alltag: Wenn ein Kind längere Zeit, d. h. über Wochen hinweg nicht mehr zur Schule geht oder andauernd ängstlich ist, so daß es kaum Kontakt zu Gleichaltrigen findet oder wegen seiner Ängste seinen Hobbys nicht mehr nachgehen kann, besteht eine Angststörung. Im folgenden werden die verschiedenen Angststörungen beschrieben und die Ursachen und Behandlungsmöglichkeiten vorgestellt.

*Der Verdacht auf eine tiefgehende Angststörung besteht, wenn ein Kind über Wochen hinweg infolge seiner Angst in seinen alltäglichen Vorhaben beeinträchtigt ist.*

## Trennungsangst – Schulangst

Manchmal scheint ein Kind plötzlich nicht mehr in die Schule gehen zu wollen; es erfindet Ausflüchte, Ausreden und bekommt körperliche Symptome. Den Eltern ist oft völlig unklar, was hinter dieser Schulverweigerung steckt. Gespräche mit dem Kind allein führen manchmal nicht weiter. In diesem Fall müssen die Eltern ihr Kind genau beobachten.

### Kinder, die aus Trennungsangst nicht zur Schule gehen

Die Mutter des 12jährigen Michael erzählt dem Kinderpsychiater: »Unser Kinderarzt hat uns zu Ihnen geschickt. Wir wissen nicht mehr weiter! Seit acht Wochen laufen wir von Untersuchung zu

*Fallbeispiel*

Untersuchung, und keiner findet etwas. Michaels Lehrer sagen bereits, daß die Versetzung in die siebente Klasse gefährdet ist. Alles begann mit starken Bauchschmerzen am Sonntagabend vor acht Wochen. Michael war weinerlich und klagte, er könne mit diesen Schmerzen nicht in die Schule gehen. Der Kinderarzt hat aber nichts gefunden. Das Bauchweh ging die ganze Woche nicht weg. Am Wochenende war es dann kurz besser, aber am Sonntagnachmittag ging es wieder los. Als ich Michael am Montag allein zum Kinderarzt schicken wollte, wurde er sehr ängstlich. Er kann überhaupt nur wenig allein machen. Klassenreisen sind für ihn ein Drama. Er weicht mir nicht vom Rockzipfel. Vorletzte Woche kam ich etwas später als angekündigt nach Hause, und seine Schwester erzählte mir, er habe die ganze Zeit aus dem Fenster geschaut und gesagt: ›Hoffentlich ist der Mama nichts passiert.‹ Auf jeden Fall haben auch die nächsten Untersuchungen bei verschiedenen Ärzten nichts gebracht. Sogar eine Magenspiegelung wurde gemacht. Und jetzt meint der Kinderarzt, das Bauchweh könnte seelische Ursachen haben. Vielleicht hat Michael ja vor irgend etwas in der Schule Angst? Man hört ja soviel von Gewalt unter Jugendlichen.«

Die Verzweiflung der Mutter ist verständlich: Das Kind leidet unter unklaren körperlichen Krankheitssymptomen. Die schulische Laufbahn des Jungen ist in Gefahr. Und nun meint der Kinderarzt, es könnte etwas »Seelisches« sein. Die Mutter befürchtet natürlich, daß in der Schule etwas vorgefallen ist, ihr Junge vielleicht durch Mitschüler bedroht wird. Und sie fragt sich, ob sie in der Erziehung etwas falsch gemacht hat.

### Schulphobie

Bei Michael handelt es sich um ein klassisches Beispiel eines Kindes mit Trennungsangst. Diese Kinder gehen nicht zur Schule, weil sie die Trennung von wichtigen Bezugspersonen, insbesondere der Mutter, fürchten. Man spricht auch von einer Schulphobie. Die Kinder verdrängen die Angst vor dem Verlassenwerden von wichtigen Bezugspersonen und übertragen sie auf die Schule (siehe Seite

Viele Kinder mit einer Schulphobie leiden unter ausgeprägter Trennungsangst.

27f. sowie »Verschiebung«, Seite 31f.). Daher ist den Kindern in der Regel diese Angst gar nicht bewußt, oder sie wagen nicht, sie einzugestehen. Statt dessen entwickeln sie vor dem Schulbesuch möglicherweise körperliche Symptome, wie Übelkeit, Kopf- und Gliederschmerzen, Erbrechen oder Appetitstörungen. Eine Studie über Trennungsangst ergab, daß die betroffenen Kinder durchschnittlich acht körperliche Symptome zeigten.

## Beachten Sie

**Kinder mit Trennungsangst täuschen die körperlichen Symptome wie Bauchweh oder Übelkeit nicht vor, sie leiden tatsächlich daran. Sie sind also keine Simulanten! Daher wird man ihnen nicht gerecht, wenn man zum Beispiel sagt: »Du benutzt deine Bauchschmerzen nur, um nicht in die Schule gehen zu müssen.« Oder: »Stell dich nicht so an!«**

Kinder mit Trennungsangst leiden nicht nur unter Schulphobie und körperlichen Symptomen, sondern machen sich häufig auch unrealistisch große Sorgen, daß ihren wichtigen Bezugspersonen etwas zustoßen könnte. Viele – insbesondere jüngere Kinder – können nicht einschlafen, ohne daß diese Bezugspersonen in der Nähe sind. Sie reagieren auf Trennungen mit großer Angst, manchmal auch mit Wutanfällen. Manche zeigen Alpträume zu Trennungsthemen.

*Kinder mit ausgeprägter Trennungsangst machen sich häufig Sorgen.*

Trennungsangst ist zunächst einmal keineswegs krankhaft, sondern gehört zur normalen Entwicklung eines Kindes. Bereits mit ca. acht Monaten beginnt ein Säugling zu »fremdeln« (siehe Seite 47f.). Dies ist ein gutes und kein besorgniserregendes Zeichen, da der Säugling auf diese Weise zeigt, daß er zum ersten Mal deutlich zwischen den wichtigen Bezugspersonen und fremden Menschen unterscheiden kann. Dieses Fremdeln stellt einen notwendigen und wichtigen Entwicklungsschritt in diesem Alter dar. In weniger

*Trennungsangst muß keineswegs immer pathologisch sein.*

auffälliger Form tritt Trennungsangst häufig im Kindergartenalter oder im ersten Schuljahr auf. Ganz normal ist auch, daß Kinder nach belastenden Ereignissen, etwa nach einem heftigen Streit oder der Trennung der Eltern, die Nähe zu ihren wichtigen Bezugspersonen suchen und sich ungern und nur unter Angst von ihnen trennen.

Von krankhafter Angst spricht man, wenn die Ängste über Wochen bestehen und das soziale Leben des Kindes beeinträchtigen.

## Wie äußert sich Trennungsangst?

**Gefühle und Gedanken**
- Angst vor Trennung von wichtigen Bezugspersonen
- Angst, daß wichtigen Bezugspersonen etwas zustoßen könnte
- Alpträume mit Trennungsthemen

**Verhalten**
- Vermeidung von Trennung
- Schulverweigerung
- Einschlafstörungen

**Körperliche Symptome**
- Bauchweh
- Übelkeit
- Erbrechen
- Appetitstörungen
- Viele andere Symptome, für die sich keine körperlichen Ursachen finden lassen

Symptome der Trennungsangst weisen nach neueren Studien etwa 3 bis 5 % aller Kinder auf. Dabei kommt die Trennungsangst bei Mädchen und Jungen etwa gleich häufig vor.

Nicht alle Kinder, die nicht zur Schule gehen wollen, leiden unter Trennungsangst. So hat Michaels Mutter in unserem Fallbeispiel auch gefragt: »Ist in der Schule etwas vorgefallen?« Es können auch andere Ängste hinter dem Phänomen verborgen sein. Bei der Trennungsangst steht hinter der Verweigerung des Schulbesuchs das unbewußte Ziel, möglichst ständig bei den wichtigen Bezugspersonen zu sein.

## Schulangst

Das bewußte oder unbewußte Ziel der Schulverweigerung kann auch in der Vermeidung angstauslösender Situationen in der Schule liegen. Man spricht dann von Schulangst. Bei dieser Form der Schulverweigerung lassen sich in jedem Fall realistische Gründe für die Befürchtungen vor der Schule feststellen: Beispielsweise fürchten sich Kinder vor bedrohlichen Situationen, wie Gewalt durch Mitschüler oder allzu strenge Lehrer.

*Manche Kinder haben Angst vor bestimmten Situationen in der Schule.*

## Andere Ursachen der Schulverweigerung

Kinder mit generalisierten Angststörungen (siehe Seite 93ff.) verweigern häufig den Schulbesuch aus Angst vor Versagen oder vor sozialen Kontakten mit Gleichaltrigen und Lehrern. Diese Kinder fallen durch vielfache Ängste, also viele verschiedene Auslöser der Angst auf.

Kinder können auch klar faßbare Ängste vor der Schule haben. Eine sehr wichtige Gruppe sind Kinder mit Teilleistungsschwächen. Diese Kinder sind normal begabt, haben aber in begrenzten Gebieten (z. B. Rechtschreibung, Lesen, Rechnen) extreme Schwierigkeiten. Diese Probleme können ihnen das Leben in der Schule zur Qual machen und entsprechend Schulangst mit Schulverweigerung auslösen. Zwar sind Teilleistungsstörungen bei Lehrern inzwischen weithin bekannt, doch gibt es manchmal immer noch unerkannte Kinder, die sich über Jahre hinweg quälen müssen. Nicht selten wird einem Kind, zum Beispiel mit einer Lese-Rechtschreib-Schwäche, mangelnder Einsatz und bewußte Verweigerung der Leistung vorgeworfen. Bei Verdacht auf eine Teilleistungsstörung sollte unbedingt eine spezielle Behandlung erfolgen.

*Teilleistungs-störungen können das Schulleben stark erschweren.*

*Manche Kinder, die die Schule schwänzen, wollen Unlustgefühle vermeiden.*

Schließlich gibt es noch Kinder, die die Schule schwänzen, um Unlust zu vermeiden. Im Unterschied zur Trennungsangst haben diese Kinder gar nicht das Bedürfnis, bei ihren wichtigen Bezugspersonen zu bleiben, sondern gehen meist morgens aus dem Haus, möglicherweise damit das Schuleschwänzen nicht auffällt, und beschäftigen sich anderweitig (Bummeln, Herumstreunen).

## Beachten Sie

Bevor man einem Kind unterstellt, daß es nur nicht in die Schule geht, um Unlust zu vermeiden, sollte man herausfinden, ob nicht Schulangst die Ursache ist, sich also ein realer Angstauslöser in der Schule befindet (z. B. Gewalt, Überforderung).

## Ursachen der Schulverweigerung

|  | Schulphobie/ Trennungsangst | Schulangst | Schulschwänzen |
|---|---|---|---|
| Entstehung | Die Angst, von wichtigen Bezugspersonen verlassen zu werden, wird auf die Schule verschoben | Leistungsängste, Kontaktängste, Mobbing (z. B. Ausgrenzung, Hänseleien) in der Schule | Vermeidung von Unlust, Überwechseln in lustbetonte Verhaltensweisen |
| Ursachen | Verlassenheitsängste, konfliktreiche, enge Mutter-Kind-Beziehungen | Seelische oder körperliche Verletzbarkeit und/oder real bedrohliche Situationen in der Schule | Mangelnde Gewissensbildung, Vernachlässigung, Bindungsschwäche (siehe auch Seite 50f.) |

Zur Therapie von Schulangst und Trennungsangst siehe Seite 131f.

## *Generalisierte Angststörung*

Manche Kinder scheinen wahre »Angsthasen« zu sein. Während der Bruder oder der Freund munter alles Neue in Angriff nimmt, auch Rückschläge wegstecken kann, trauen sich diese Kinder nichts zu, ziehen sich zurück, scheinen oft auch traurig zu sein. Die Eltern machen sich meist Sorgen und befürchten, in der Erziehung etwas falsch gemacht zu haben.

*Kinder mit generalisierter Angststörung sind in sich gekehrt und ziehen sich häufig zurück.*

**Fallbeispiel**

Der zehnjährige Karsten kommt mit seiner Mutter zu einem Kinderpsychologen, nachdem der Kinderarzt bemerkt hat, daß Karsten extrem ängstlich ist. »Karsten«, so berichtet seine Mutter, »leidet bereits seit einem Jahr immer wieder unter Übelkeit und Bauchschmerzen. Er ist überhaupt viel sensibler, nervöser und ängstlicher als sein zwei Jahre jüngerer Bruder. Er nimmt sich Kommentare von Lehrern und Mitschülern sehr zu Herzen und fürchtet, daß er in der Schule oder beim Sport nicht gut genug sein könnte. Seinen Bruder kümmert so etwas kaum. Dabei spielt Karsten wirklich gut Fußball und wird dafür auch gelobt. Ich verstehe das nicht. Sein andauerndes Bedürfnis nach Bestätigung nervt uns manchmal, aber was sollen wir machen? Er hat so wenig Selbstvertrauen. In der Schule ist er eigentlich gut. Natürlich müssen wir nach ihm

**93**

schauen und Hausaufgaben mit ihm machen. Er tut sich nicht so leicht – aber so ist das ja häufig! In den letzten Monaten ist es immer schlimmer geworden. Er sagt, er könne sich in der Schule kaum noch konzentrieren, er ist zu Hause launisch und schläft schlecht. Körperliche Ursachen hat der Kinderarzt nicht gefunden. Was meinen Sie?«

Die meisten Kinder haben Phasen, in denen sie sich selbst wenig zutrauen und kurzzeitig nervös sind oder Konzentrationsschwächen zeigen – zum Beispiel vor Klassenarbeiten oder vor Schulzeugnissen. Insbesondere Kinder in den letzten beiden Grundschuljahren, im Alter von acht bis zehn Jahren (diese Entwicklungsphase nennt man »Latenzphase«), beschäftigen sich normalerweise viel mit ihren Fähigkeiten, vergleichen sich mit Gleichaltrigen und sorgen sich darum, wie und wer sie sind und was sie können. In diesem Alter haben Kinder häufig Ängste, die aber bald vorübergehen. Das ist ganz normal.

## Beachten Sie

Vorübergehende Angst und Zweifel an den eigenen Fähigkeiten treten bei Kindern immer wieder auf und sind zunächst einmal etwas ganz Normales und auch Wichtiges.

*Bei einer generalisierten Angststörung treten die Symptome mindestens sechs Monate lang auf.*

In dieser Entwicklungsphase (8 bis 10 Jahre) entstehen allerdings auch die generalisierten Angststörungen wie im Beispiel von Karsten. In diesem Fall gehen die Ängste und Zweifel nicht bald wieder vorüber, sondern bestehen über einen längeren Zeitraum (mindestens sechs Monate, wobei die Symptome in jeder Woche mehrere Tage vorhanden sein müssen).

### Ein ganzes Bündel von Ängsten

Kinder mit generalisierten Angststörungen haben viele unrealistische Befürchtungen: Angst und Zweifel an sich selbst, zum Beispiel an ihren Leistungen oder daran, ob sie von Eltern oder Lehrern gemocht werden, Sorgen über zukünftiges Unglück usw. Daher brauchen und fordern sie sehr viel Bestätigung. Die Kinder machen den Eindruck, unter andauernder Spannung zu stehen. Sie können körperlich unruhig sein, Verspannungen haben oder zittern, wirken nervös und können sich nicht konzentrieren. Entsprechend können sie sich schlecht entspannen und haben häufig Schlafstörungen.

*Kinder mit einer generalisierten Angststörung sind durch ihre Probleme sehr belastet.*

Zusätzlich leiden sie häufig an körperlichen Symptomen (Bauchschmerzen, Übelkeit, Kopfschmerzen) oder an einer »vegetativen Übererregbarkeit«. Dazu zählen Schwitzen, Mundtrockenheit, ein schneller Puls oder Atem und Schwindelgefühle. Die genannten Symptome können plötzlich auftreten oder sich langsam entwickeln; manchmal steigern sie sich bis zur Panikattacke.

Manche Kinder entwickeln zusätzlich auch Trennungsängste (siehe Seite 87ff.) oder Phobien (siehe Seite 104ff.).

Auch eine generalisierte Angststörung ist nicht selten. Laut amerikanischen Studien tritt sie bei etwa 3 bis 5 % aller Kinder auf.

## Wie äußert sich eine generalisierte Angststörung?

**Gefühle und Gedanken**
- Ständige unspezifische Angst
- Angst vor neuen Situationen
- Angespanntheit/Nervosität
- Depressive oder gereizte Gefühle
- Selbstzweifel
- Zukunftsangst
- Konzentrationsstörungen
- Evtl. Trennungsängste

**Verhalten**
- Vermeidendes Verhalten
- Leistungsprobleme
- Suche nach Anerkennung
- Schlafstörungen

**Körperliche Symptome**
- Schwitzen
- Schneller Puls/Atem
- Kopfschmerzen
- Bauchschmerzen
- Mundtrockenheit
- Schwindelgefühle
- Verspannungen
- Übelkeit

## Die Suche nach den Ursachen
### Belastende Ereignisse

Wenn der Verdacht auf eine generalisierte Angststörung besteht, sollten sich die Eltern überlegen, ob sie im Zusammenhang mit einem belastenden Ereignis aufgetreten ist (z. B. Trennung der Eltern, Tod eines Familienangehörigen oder ein Unfall). In diesem Fall spricht man von einer ängstlichen Anpassungsstörung (siehe Seite 97f.).

### Drogen

Viele Eltern mögen sich fragen, vor allem bei Jugendlichen, ob die Symptome nicht Folge eines Drogenkonsums sein könnten. Viele Drogen können Angstreaktionen zur Folge haben. Angst und Nervosität werden beispielsweise durch Koffein (exzessiver Kaffeegenuß oder Koffeintabletten) oder andere, als »Stimulanzien« bezeichnete Stoffe ausgelöst. Mit Ausnahme einer wirklichen Drogenabhängigkeit steht diese Angst allerdings unmittelbar mit der Drogeneinnahme in zeitlichem Zusammenhang, ist also vorübergehend.

Bei einer Angst-störung muß genau nach den Ursachen geforscht werden.

### Störung der Eltern-Kind-Beziehung

Die weitaus häufigere Ursache ist aber – und zwar gilt dies sowohl für generalisierte Angststörungen als auch für Drogenprobleme – eine Störung der Beziehung zwischen Eltern und Kind (siehe Seite 108ff.).

### Körperliche Ursachen

Natürlich sollten bei der Diagnosestellung zunächst mögliche körperliche Erkrankungen, die ebenfalls Symptome einer Angststörung hervorrufen können, ausgeschlossen werden. Hierzu zählen eine Überfunktion der Schilddrüse und andere seltenere Erkrankungen.

Entsprechende Untersuchungen kann der Kinderarzt durchführen; wenn es erforderlich ist, wird er das Kind an einen Facharzt überweisen.

> ## Gegen welche Störungen muß man eine generalisierte Angststörung abgrenzen?
>
> - Trennungsangst (siehe Seite 87ff.)
> - Ängstliche Anpassungsstörung (siehe Seite 101ff.)
> - Phobien (siehe Seite 104ff.)
> - Reaktive Bindungsstörungen (siehe Seite 108ff.)
> - Andere körperliche und psychische Erkrankungen (körperliche Folgen regelmäßigen Drogenkonsums eingeschlossen, siehe auch Seite 96)

Zur Therapie der generalisierten Angststörung siehe Seite 132f.

## Posttraumatische Belastungsstörung – ängstliche Anpassungsstörung

Manchmal lassen sich die Ängste eines Kindes eindeutig auf eine besondere Belastung, ein schlimmes Ereignis, eine traumatische Erfahrung zurückführen. Wenn man überlegt, wie schwer schon Erwachsene an manchen Schicksalsschlägen tragen – wie furchtbar muß ein solches Erlebnis dann für ein Kind sein, das völlig im Hier und Jetzt lebt und nicht in ausreichendem Maße die Erfahrung gemacht hat, daß das Leben schon weitergehen wird und es über das Erlebte »hinwegkommen« kann? Auch die Eltern können nicht einfach annehmen, daß das Kind im Laufe der Zeit das Erlebte schon bewältigen wird. Vielmehr besteht die Gefahr, daß sich eine andauernde Angststörung entwickelt.

Vor etwa einem Jahr hatte die jetzt zehnjährige Tanja mit ihrer Familie einen schweren Verkehrsunfall. Dabei verlor sie ihren zwei Jahre älteren Bruder und ihren Vater. Tanjas Mutter berichtet: »Seit dem Unfall hat sich Tanja völlig verändert. Nach dem Unfall weinte sie viel, dann – nach ein paar Wochen – hörte zwar das Weinen auf, sie begann aber, sich mehr und mehr von ihren Freundinnen zurückzu-

*Fallbeispiel*

ziehen. Früher war sie nach der Schule meist mit anderen Kindern draußen. Nach dem Unfall wollte sie lieber allein sein und wirkte weniger lebendig als vorher. Ihr Spiel wurde ernster, manchmal fast verbissen. Übrigens spielte sie häufig den Unfall nach, ließ Autos gegen einen Lego-Baum fahren und Krankenwagen zu spät an den Unfallort kommen, immer wieder. Das war für mich schrecklich, aber sie ließ es sich nicht verbieten. Mittlerweile spielt sie das manchmal heimlich, wenn sie glaubt, ich könnte es nicht sehen. Nachts hat sie immer wieder Alpträume, häufig über Tod und Unfälle. Dann wacht sie schwitzend und voller Angst auf und kann ohne mich nicht mehr einschlafen. Überhaupt schläft sie schlecht ein. Obwohl sie insgesamt viel empfindlicher und auch nervöser ist, hat sie beim Tod ihrer Großmutter vor einem Monat kaum reagiert. Dabei mochte sie die Oma sehr. Doch das schien ihr völlig egal zu sein! Manchmal macht sie wieder ins Bett. Am schlimmsten ist aber ihre Angst. Nur mit großer Mühe kann ich sie davon überzeugen, in ein Auto zu steigen, und schon beim Überqueren einer großen Straße klammert sie sich eng an mich. Was soll ich bloß tun, ich habe mich doch bemüht, ihr mit soviel Liebe wie möglich über den Verlust hinwegzuhelfen?«

Tanja hat eines der schlimmsten Dinge erlebt, die einem Kind widerfahren können. Sie hat Vater und Bruder verloren. Auf dieses Trauma hat sie mit einer sie schwer beeinträchtigenden »posttraumatischen Belastungsstörung« reagiert.

### Was versteht man unter einem psychischen Trauma?

*Ein Trauma wirkt unbewußt und ohne Unterlaß auf den betroffenen Menschen.*

Dieser Begriff stammt aus der Anfangszeit der psychoanalytischen Lehre vor ca. 100 Jahren und wurde nach dieser Lehre für die Entstehung einer Neurose verantwortlich gemacht.

Mit einem seelischen Trauma wird vorwiegend ein plötzliches Ereignis (z. B. Krieg, Gewalt) bezeichnet, auf das eine Person nicht mehr angemessen reagieren kann und das von der Psyche der betroffenen Person nicht mehr verarbeitet werden kann. Statt dessen verschwindet das traumatische Ereignis aus dem Bewußtsein und entfaltet – für die Person unbewußt – seine Wirkung auf die Psyche so, als würde der Betreffende ständig mit dem Ereignis konfrontiert werden. Auf diese sich immer wiederholende »Traumatisierung von innen« kann der Betreffende aber weiterhin nicht angemessen reagieren, so daß die Verarbeitung eine dauerhaft ungelöste Aufgabe bleibt und professionelle Hilfe notwendig wird.

Manche Traumata sind so schwer, daß auch viel Liebe – wie im Fallbeispiel – nicht ausreicht, ein Verarbeiten des Schreckens und damit eine normale weitere Entwicklung zu gewährleisten. Zu den Auslösern einer Anpassungsstörung oder posttraumatischen Belastungsstörung gehören Gewalt gegen das Kind und sexueller Mißbrauch, Katastrophen und Krieg, Trennung oder Scheidung der Eltern, schwere familiäre Konflikte, Tod einer wichtigen Bezugsperson oder Schulwechsel.

*Schwere Traumata lassen sich mit Liebe allein nicht »heilen«.*

Wenn diese Zeichen der psychischen Überforderung zwischen zwei Tagen und vier Wochen andauern, spricht man von einer akuten Streßreaktion. Längerdauernde schwere Reaktionen bezeichnet man als posttraumatische Belastungsstörung. Die Schwere und Dauer der Reaktion hängt von vielen Faktoren ab:
- der Schwere des Traumas
- den Folgen des Traumas
- dem Entwicklungsstand und der Entwicklung des Kindes vor dem Trauma
- der Reaktion von Umwelt und Eltern auf das Trauma

## Beachten Sie

Je nach Persönlichkeit und Entwicklungsstand reagiert jedes Kind unterschiedlich auf schwer belastende Ereignisse. Oft ist auch bei viel Zuwendung durch die Eltern professionelle, therapeutische Hilfe notwendig. Im Zweifelsfall sollten sich die Eltern immer an einen Fachmann wenden.

Viele Kinder tragen unbewußte Phantasien über die eigene Schuld oder die Schuld wichtiger Bezugspersonen an dem Trauma mit sich herum, auch wenn die Schuldzuweisung noch so unrealistisch erscheint. Das kann die Belastung noch verstärken. Ein Kind, das z. B. sein Geschwister bei einem Unfall verloren hat, mag die Phantasie haben, daß seine aggressiven Gefühle dem Geschwister gegenüber (Geschwisterrivalität) den Unfall verursacht haben. Solche und andere »magische Phantasien« können noch im Erwachsenenalter Schuldgefühle auslösen und das emotionale Erleben der Person beeinträchtigen.

*Schuldgefühle verstärken die Belastung für das Kind.*

Auch Eltern leiden häufig an diesen Schuldgefühlen. Rational mag etwa die Schicksalhaftigkeit eines Verkehrsunfalls verstanden worden sein. Die emotionale Verarbeitung dauert aber viel länger und erfordert eine intensive Auseinandersetzung mit diesen Gefühlen. Häufig verbleiben Schuldgefühle, die auch den Umgang mit dem Kind erschweren.

### Wie äußert sich eine posttraumatische Belastungsstörung?

*Nach einem traumatischen Erlebnis kann das Kind vielfältige Verhaltensänderungen zeigen.*

Die Kinder erleben das Trauma auf vielfältige Weise wieder: Es taucht beispielsweise wiederholt in angstvollen Alpträumen auf. Häufig spielen Kinder die schreckliche Situation wieder und wieder nach, und manche beschäftigen sich auch tagsüber in ihren Phantasien mit dem Trauma, während sie eigentlich etwas ganz anderes tun, und bekommen plötzlich Angst, ohne daß es für die Eltern einen ersichtlichen Grund dafür gibt.

Außerdem vermeiden die Kinder verständlicherweise häufig Situationen oder Gespräche, die mit dem Trauma in Verbindung stehen. Manche verleugnen sogar, daß das Trauma überhaupt stattgefunden hat.

Zeichen einer posttraumatischen Belastungsstörung ist ferner, daß sich diese Kinder aus ihrem Freundeskreis und von Aktivitäten zurückziehen, an denen sie vorher Freude gehabt haben (sozialer Rückzug). Dieser Rückzug kann sogar enge Bezugspersonen wie die Eltern betreffen. Hinzu kommt eine emotionale Abgestumpftheit. Diese äußert sich darin, daß die Kinder ihre gefühlvolle Erlebnisfähigkeit einbüßen. Es scheint, als wäre den Kindern bei der notwendigen Abwehr der schrecklichen Gefühle auch die normale Gefühlsbandbreite (Freude, Trauer, normale Angst) verlorengegangen.

In der Folge einer posttraumatischen Belastungsstörung treten erhebliche Schwierigkeiten in der Schule und im sozialen Leben auf. Schlafstörungen und allgemeine Überempfindlichkeit sind häufig. Die Gesamtsymptomatik kann das soziale Leben sowie die emotionale und intellektuelle Entwicklung des Kindes erheblich verlangsamen oder sogar blockieren.

## Eine andere Reaktion: die Anpassungsstörung

Nicht alle Kinder reagieren auf ein Trauma mit einer posttraumatischen Belastungsstörung. Viele Kinder zeigen nach belastenden Ereignissen eine Anpassungsstörung. Man unterscheidet verschiedene Formen:

*Eine Anpassungsstörung äußert sich in einer emotionalen Reaktion oder einem veränderten Sozialverhalten.*

- Manche Kinder reagieren mit einer kurz- oder längerdauernden depressiven Reaktion, sind traurig, ziehen sich eventuell von Freunden und Aktivitäten zurück und fühlen sich möglicherweise schuldig an ihrer Situation.
- Andere zeigen sich depressiv und ängstlich.
- Wieder andere weisen eine Störung des Sozialverhaltens auf, d. h., sie werden möglicherweise aggressiver, fühlen sich nicht mehr in die Bedürfnisse anderer ein, nehmen weniger Rücksicht und vernachlässigen ihre Aufgaben in der Schule und zu Hause.
- Schließlich gibt es noch eine Anpassungsstörung mit Angst, die ähnliche Symptome wie die generalisierte Angststörung (siehe Seite 93ff.) aufweist. Der wesentliche Unterschied besteht darin, daß bei einer Anpassungsstörung mit Angst ein Auslöser für die Angststörung gefunden werden kann.
- Am häufigsten reagieren Kinder mit einer unterschiedlich zusammengesetzten Mischung aus emotionalen Störungen und Störungen des Sozialverhaltens.

Zusammenfassend läßt sich sagen, daß schwere Belastungen das Risiko erhöhen, eine behandlungsbedürftige psychische Störung zu entwickeln. Dazu gehören Angststörungen, Depressionen, Beziehungsstörungen und andere.

Doch glücklicherweise meistert die große Mehrzahl der Kinder eine Belastung mit Unterstützung wichtiger Bezugspersonen ohne schwere Folgen für die Entwicklung. Im Zweifelsfall sollten Sie sich als Eltern aber nicht scheuen, fachlichen Rat einzuholen.

## Wie äußern sich posttraumatische Belastungsstörungen?

**Wiedererleben des Traumas**
- in Alpträumen
- in Phantasien
- in Tagträumen
- im Spiel

**Vermeidung und Verleugnung**
- Verleugnung, daß das Trauma jemals stattgefunden hat
- Vermeidung von Situationen und Gesprächen, die mit dem Trauma in Verbindung stehen

**Emotionale Reaktion**
- Ängstlichkeit
- emotionale Abgestumpftheit (beeinträchtigt sowohl die positive als auch die negative Reaktion auf Menschen und Situationen)
- Depressivität
- Schlafstörungen

**Sozialer Rückzug**
- von Freunden
- von Hobbys
- in der Familie

**Leistungsprobleme**
- Konzentrationsstörungen
- Schulleistungsprobleme

## Wovon hängt die Schwere der Beeinträchtigung nach einem seelischen Trauma ab?

Auffällig ist auch, daß nicht jeder Mensch bzw. jedes Kind durch ein Trauma in gleicher Weise beeinträchtigt wird. Man kann verschiedene Faktoren unterscheiden, die sich in erheblicher Weise darauf auswirken, wie ein Trauma verarbeitet wird.

| Schädigende Faktoren | Schützende Faktoren |
|---|---|
| Schweres Ereignis (manche Ereignisse kann zunächst kein Mensch verarbeiten, z. B. Vergewaltigung) | Weniger schweres Ereignis |
| Anfällige Persönlichkeit (z. B. introvertiert, ängstlich) | Weniger anfällige Persönlichkeit (z. B. aktiv, extrovertiert) |
| Störung der Eltern-Kind-Beziehung vor dem Trauma | Tragfähige, gute Beziehung zwischen Eltern und Kind vor dem Trauma |
| Ungünstige Reaktion der Eltern/Umwelt auf das Trauma («totschweigen«, Bagatellisierung, Schuldzuweisung, Ablehnung professioneller Hilfe) | Günstige Reaktion der Eltern/Umwelt auf das Trauma (emotionale Verarbeitung, Mitfühlen, Akzeptanz von Verarbeitungsschwierigkeiten, professionelle Hilfe) |
| Anfälliger Entwicklungsstand des Kindes | Weniger anfälliger Entwicklungsstand des Kindes |

Zur Therapie der Belastungs- bzw. Anpassungsstörung siehe Seite 133f.

## *Phobien*

Wer kennt sie nicht, die Angst vor Spinnen und anderen Krabbeltieren, vor Mäusen oder Schlangen. Meist denken wir, diese Furcht sei anerzogen, und versuchen, unseren Kindern einen unbefangenen Umgang mit diesen Lebewesen zu vermitteln. Und die meisten Kinder kennen auch keine Scheu: Sie nehmen Spinnen und Käfer in die Hand, sind begeistert ob deren Vielfalt und Besonderheiten. Doch es gibt auch andere Fälle.

**Fallbeispiel**  Sonja wurde mit acht Jahren auf der kinderpsychiatrischen Station aufgenommen, weil sie einkotete und sich in der Schule »merkwür-

dig« verhielt. Sonja war bereits ein Jahr später eingeschult worden, weil ihre Mutter sie wegen des Einkotens (Enkopresis) zurückstellen wollte. Die Familie lebte unter sehr ländlichen Bedingungen in einem Haus mit einer Toilette im Hof. In der Schule, die Sonja mittlerweile ein Jahr besuchte, fiel auf, daß sie in Panik schrie, wenn jemand nur das Wort »Toilette« aussprach. Erst nach mehreren Befragungen und Untersuchungen ergab sich, daß sich Sonja bereits seit zwei Jahren aufs heftigste vor Spinnen fürchtete. Und die kamen in der draußenliegenden Toilette natürlich reichlich vor. Deshalb hatte sie nicht mehr zur Toilette gehen mögen und den Stuhlgang zurückgehalten; dies wiederum hat bei Kindern häufig zur Folge, daß sich der Darm irgendwann unkontrol-

*Tritt eine Phobie nur kurzzeitig auf, ist die normale Entwicklung des Kindes meist nicht beeinträchtigt.*

liert entleert. Auch in der Schule ging sie nicht zur Toilette, weil sie annahm, daß sich auch dort Spinnen befinden würden. Dank einer Therapie der Phobie und damit auch des Einkotens entwickelte sich Sonja später ohne weitere Probleme.

Sonjas Fall verdeutlicht in besonderer Weise die weitreichenden Konsequenzen einer lange unerkannten Phobie, die unbedingt eine Therapie erfordert:

*Phobien können zunächst unerkannt bleiben und erst nach langer Zeit durch ihre Folgen auffallen.*

Zunächst hat Sonja Angst vor Spinnen, also eine spezifische, auf Spinnen gerichtete Angst. Da auf der Toilette zu Hause viele Spinnen sind, vermeidet sie den Gang zur Toilette. Dies hat eine enorme Konsequenz für ihre Entwicklung, da sie als Folge einkotet und erst ein Jahr später eingeschult wird.

Neben solch ausgeprägten Fällen gibt es auch Phobien, die über kurze Zeit bei fast allen Kindern auftreten, aber schnell wieder verschwinden und keine so weitreichenden, negativen Folgen für die normale Entwicklung haben.

## Wichtig

**Behandlungsbedürftige Phobien sind spezifische Ängste vor bestimmten Dingen, Tieren oder Situationen, die zu einem vermeidenden Verhalten führen und das tägliche soziale Leben oder die Entwicklung des Kindes einschränken.**

Man unterscheidet folgende Phobien:
Furcht vor spezifischen Dingen, Lebewesen oder Situationen:
- Furcht vor Tieren allgemein
- Furcht vor Blut
- Furcht vor Katzen
- Furcht vor Hunden
- Furcht vor der Dunkelheit
- Furcht vor Feuer
- Furcht vor Krankheitserregern oder Schmutz
- Furcht vor großen Höhen (Akrophobie)
- Furcht vor engen oder abgeschlossenen Räumen (Klaustrophobie)
- Furcht vor Schlangen (Arachnophobie)

- Furcht vor Fremden (Xenophobie)
- Furcht vor Gewitter
- Furcht vor dem Erröten

Agoraphobie (ortsbezogene Phobien), z. B.:
- Furcht vor offenen Plätzen
- Furcht vor Menschenmengen
- Furcht vor Zügen, Bussen oder Flugzeugen

Schulphobie (siehe Seite 88f.)

Soziale Phobie, z. B.:
- Furcht vor der prüfenden Betrachtung durch andere Menschen in verhältnismäßig kleinen Gruppen
- Essen oder Sprechen in der Öffentlichkeit
- Zusammentreffen mit dem anderen Geschlecht
- Angst, in der Öffentlichkeit zu erbrechen

### Agoraphobie

Die Agoraphobie bezeichnet eine Gruppe von Phobien; zentrales Merkmal ist die Angst vor offenen Plätzen und vor Menschenmengen mit der Schwierigkeit, sich sofort und leicht an einen sicheren Platz (z. B. nach Hause) zurückziehen zu können. Auch Ängste, das eigene Haus zu verlassen, Geschäfte zu betreten oder allein in Zügen, Bussen oder Flugzeugen zu reisen, werden unter Agoraphobie zusammengefaßt. Obwohl es vielen Agoraphobikern gelingt, die angstauslösenden Situationen zu vermeiden, ist diese Störung für das gesellschaftliche Leben sehr hinderlich. Sie kann dazu führen, daß sich die Betroffenen weitgehend auf ihr vermeintlich sicheres Zuhause zurückziehen und ein Schulbesuch oder eine Berufstätigkeit zumindest zeitweise nicht mehr möglich ist. Das Fehlen eines sofort nutzbaren »Fluchtweges« wird als Hauptmerkmal der Agoraphobie angesehen. Die Agoraphobie tritt allerdings häufig erst im jungen Erwachsenenalter auf, sollte dann aber unverzüglich behandelt werden.

Die Agoraphobie tritt meist erst im jungen Erwachsenenalter auf.

## Soziale Phobie

Die soziale Phobie kommt besonders im Bereich der Schule zum Tragen (siehe Seite 88f.), wo die Kinder aufgrund einer übermäßigen Angst, sich vor der Klasse zu äußern, Lehrern und Mitschülern zu antworten oder sie direkt anzusprechen, wegen mangelnder Mitarbeit, Kontaktstörungen und sozialem Rückzug auffällig werden. Es handelt sich häufig um schüchterne, selbstunsichere, kritikängstliche Kinder und Jugendliche. Auch Erröten, Händezittern, Übelkeit, Drang zum Wasserlassen sowie Ängste, in der Öffentlichkeit zu erbrechen, kommen vor. Die Probleme können sich zu Panikattacken verstärken und durch ein ausgeprägtes Vermeidungsverhalten zu völliger sozialer Isolation führen.

> Hinter Schüchternheit bei Kindern kann sich eine soziale Phobie verbergen.

Phobien sind wie Ängste nicht selten Bestandteil einer ansonsten völlig normalen Entwicklung (siehe auch Seite 46ff. und 61ff.). Bei den behandlungsbedürftigen Phobien scheinen nach dem derzeitigen Stand des Wissens Jungen häufiger soziale Phobien zu entwickeln und Mädchen einfache Phobien (z. B. Furcht vor Spinnen oder Furcht vor großen Höhen). Insgesamt sind bei Kindern die Tierphobien am häufigsten. Nach amerikanischen Studien scheinen etwa 2 bis 9 % der Kinder und Jugendlichen an behandlungsbedürftigen Phobien zu leiden.

### Beachten Sie

Welche Art von Phobie auftritt, hängt auch von Zeiterscheinungen ab. Heutzutage ist beispielsweise die Furcht vor umweltbedingten Krankheiten (radioaktive Strahlung, Umweltgifte), Geschlechtskrankheiten und Aids von Bedeutung.

## Besteht ein Zusammenhang mit anderen psychischen Erkrankungen?

Sozialer Rückzug und Phobien können auch im Zusammenhang mit anderen psychischen Erkrankungen auftreten. Phobien als Bestandteil von anderen psychischen Erkrankungen lassen sich

*Die Abgrenzung von Phobien zu anderen psychischen Erkrankungen ist manchmal schwierig und sollte immer dem Fachmann überlassen werden.*

teilweise nur schwer von einfachen Phobien unterscheiden. Dies muß dem Fachmann vorbehalten bleiben. Auch für diesen ist die Unterscheidung manchmal nicht möglich, so daß in diesen seltenen Fällen nur die Zeit und der Therapieverlauf die Frage beantworten können.

Hinter bestimmten Phobien, beispielsweise der Angst vor Giften oder Krankheiten, kann sich auch eine wahnhafte Störung verbergen. Bei einer Phobie bleibt dem Kind oder Jugendlichen meistens bewußt, daß seine Angst zu groß oder unbegründet ist. Bei einer wahnhaften Störung ist dieses Bewußtsein nicht mehr möglich: So kann das Kind zum Beispiel davon überzeugt sein, daß Umweltgifte es am Atmen hindern oder das Mineralwasser vergiftet ist.

Zur Therapie der Phobien siehe Seite 135f.

## Reaktive Bindungsstörung

Die Liebe zum eigenen Kind steht in der Regel außer Zweifel. Da trifft es besonders hart, wenn sich herausstellt, daß man als Mutter den Bedürfnissen des Kindes nicht gerecht wird. Oft sind eigene Versagensängste oder Depressionen mit im Spiel, wenn es nicht gelingt, eine tiefe, sichere Beziehung zum Kind aufzubauen. Therapeutische Hilfe für Mutter und Kind ist in diesem Fall dringend geboten.

**Fallbeispiel**  Frau M. hatte sich sehr auf ihr Kind gefreut. Sie lebte mit ihrem vielbeschäftigten Ehemann in abgesicherten Verhältnissen. Alles schien in Ordnung, als sie Jonas zur Welt brachte. Kurz nach der Geburt fühlte sich Frau M. sehr schlapp und traurig. Insbesondere morgens schreckte sie der Gedanke an den bevorstehenden Tag. Schon der Griff zum Bademantel und der Gang zur Dusche erschienen ihr als eine unlösbare Aufgabe. So etwas hatte sie noch nie erlebt. Sie versetzte auch der Gedanke in Panik, daß dieses Kind in der Wiege ständig ihre Aufmerksamkeit suchte. Ein Gefühl unsagbar tiefer Hoffnungslosigkeit und Hilflosigkeit erfaßte Frau M., und sie wußte nicht, wie sie ihr Kind versorgen sollte.

Frau M. hatte nach der Geburt ihres Kindes eine schwere Depression erlitten. Ihr Ehemann half ihr, wo er konnte, war aber aus beruflichen Gründen nicht in der Lage, ihr bei der Versorgung des Kindes eine ausreichende Hilfe zu sein. Frau M. ging zu einem Psychiater, der ihr Medikamente verschrieb. Sie halfen ihr immerhin soweit, daß sie ihr Kind wickeln, pflegen und ernähren konnte. Allerdings fühlte sie sich mit dem kleinen Jonas häufig sehr überlastet. Eine Haushaltshilfe konnte sich Familie M. nicht leisten. Immer wieder kam es vor, daß Jonas schrie und Frau M. es einfach nicht schaffte, sich seinen Ansprüchen zu stellen, sich mit ihm zu beschäftigen. Gelächelt hatte sie schon Wochen nicht mehr. Nach acht Monaten bemerkte Frau M., daß Jonas, der auf sie zunächst eher empfindlich, ängstlich und anspruchsvoll gewirkt hatte, merkwürdig ruhig wurde. Er reagierte manchmal erst sehr spät, manchmal auch gar nicht auf ihre Zuwendung. Sie hatte auch große Schwierigkeiten, ihn zu füttern. In ihrer selbstzweiflerischen und traurigen Stimmung vermutete Frau M., daß sie zu allem Unglück auch noch ein Kind hatte, das sie als Mutter ablehnte. Schließlich vermied sie immer häufiger Kontakte zu ihrem Kind, die über das Füttern und Pflegen hinausgingen. Als Jonas zwei Monate lang nicht zunahm und ein Husten nicht abheilen wollte, ging Frau M. in eine Kinderklinik, wo Jonas und Frau M. zur Beobachtung aufgenommen wurden. Die Ärzte sagten ihr, das Kind sei emotional unterversorgt. Frau M. antwortete verzweifelt: »Aber ich liebe mein Kind doch!«

In der Klinik fiel Frau M.s Depression auf. Sie begab sich in psychiatrische Behandlung, während Jonas unter der Betreuung in der Kinderklinik wieder zunahm. Nach wenigen Wochen reagierte er wieder auf menschliche Kontakte und spielte altersangemessen mit Klötzchen. Sein Husten verschwand, und er ließ sich wieder füttern. Seine Mutter, die auf demselben Klinikgelände in psychiatrischer Behandlung war, beschäftigte sich in Anwesenheit und mit der Unterstützung einer Psychologin täglich mit Jonas, so daß auch

Jonas wieder besser auf seine Mutter reagierte. Die Depression besserte sich, und Frau M. konnte mit ambulanter psychologischer Unterstützung ihr Kind, das sie sich so sehr gewünscht hatte, aufziehen.

Bei der beschriebenen reaktiven Bindungsstörung von Jonas handelt es sich nicht um eine reine Angststörung, sondern um eine gemischte Störung mit Angst und Depression. Beim Kind traten unter diesen Bedingungen Symptome auf, die man unter dem Begriff »Hospitalismus« zusammenfaßt.

### Hospitalismus

*Erste Symptome der emotionalen Vernachlässigung sind je nach Alter Gedeih-, Fütterstörungen und Infektionsanfälligkeit.*

Dieser Begriff stammt aus einer Zeit, in der Kinder in Säuglingsheimen betreut wurden. Kinder, in der Regel unter fünf Jahren, die lange Zeit ohne den positiven emotionalen Kontakt ihrer Eltern leben oder zu Hause ungenügend versorgt sind, wehren sich meist zunächst mit Angst, Wut und Trauer und verfallen dann in eine resignierte, depressive Haltung. Wenn Kinder zu Hause eine reaktive Bindungsstörung entwickeln, fallen sie den Eltern häufig erst durch ihre Fütterstörung (Ablehnung von Fütterung, Erbrechen von Nahrung oder Durchfall) oder durch sekundäre Infektionen auf. Eltern vermuten dann oft, das Kind sei körperlich krank.

### Woran erkennt man eine Bindungsstörung?

Eine Bindungsstörung an die Eltern erkennt man dadurch, daß das Kind durch sein Verhalten nicht mehr zum Ausdruck bringt, wer die wichtigen Bezugspersonen sind (z. B. durch Freude beim Wiedersehen der Eltern oder bei Säuglingen durch Fremdeln, siehe Seite 47f.). Im »gehemmten Typ« bedeutet dies eine fehlende Bindung an die Eltern und auch jeden anderen Menschen, während dies im »enthemmten Typ« eine wahllose, schnell wechselnde Bindung an Fremde bedeutet.

*Die Eltern gelten nicht mehr als wichtigste Bezugspersonen.*

Aber Achtung: Bis zum Alter von etwa acht Monaten ist die »wahllose« Zuwendung zu Fremden völlig normal (siehe auch Seite 47f.).

Da Kinder dringend eine stabile emotionale Bindung zu ihren Bezugspersonen benötigen, hat das Phänomen der »Auflösung von Bindungen« schlimme Folgen für die weitere Entwicklung des Kindes. Im Extremfall kann ein Kind an den Folgen einer reaktiven Bindungsstörung sterben, insbesondere wenn Fütterstörungen und Infektanfälligkeit hinzukommen. Die Bedeutung einer stabilen emotionalen Bindung zu wichtigen Bezugspersonen bleibt bis weit in die Kindheit hinein ein wichtiger Schutz und Förderer einer normalen Entwicklung sowohl in emotionaler als auch in intellektueller Hinsicht.

*Die Folgen des Beziehungsverlusts können sehr gravierend sein.*

**Beachten Sie**

**Eine reaktive Bindungsstörung ist ein Risikofaktor für viele körperliche und psychische Erkrankungen des Kindes. Wird die Störung aber rechtzeitig erkannt, kann Mutter und Kind gut geholfen werden.**

Kinder mit einer reaktiven Bindungsstörung (unter der Voraussetzung, daß die emotionale Unterversorgung nicht zu lange bestanden hat) blühen in einer fürsorglichen, emotionalen Umgebung häufig auf, und ihre Entwicklung macht Fortschritte. Diese Kinder haben eine gute Chance, sich anschließend normal weiter zu entwickeln. Daher ist die professionelle Hilfe für Familien mit diesen Kindern so wichtig. Kinder mit sogenannten »Entwicklungsstörungen« wie Autismus oder Kinder mit einer geistigen Behinderung mit autistischen Zügen können ähnliche Bindungsstörungen haben, ohne daß eine Unterversorgung die Ursache dafür ist.

**Wichtig**

**Eine stabile emotionale Bindung an wenigstens eine wichtige Bezugsperson fördert die normale kindliche Entwicklung.**

## Psychische Erkrankungen der Eltern und ihre Auswirkungen aufs Kind

*Bei psychischen Erkrankungen der Eltern sollte man auch die Kinder therapeutisch begleiten.*

Wie in unserem Fallbeispiel gesehen, liegen die Ursachen einer reaktiven Bindungsstörung nicht beim Kind, sondern sind meist auf ungelöste Probleme der Eltern zurückzuführen. Die Kinder körperlich oder psychisch erkrankter Eltern finden häufig durch die Therapeuten der Eltern zu wenig Beachtung.

In unserer Klinik finden wir immer wieder psychisch erkrankte Kinder und Jugendliche, deren Eltern in einer wesentlichen Phase ihrer Entwicklung krank gewesen sind. Wir sind nicht der Auffassung, daß in der Erkrankung der Eltern die Ursache etwa für eine Schizophrenie oder eine Zwangsstörung liegt, aber wir können feststellen, daß die Erkrankung der Eltern einen wesentlichen Risikofaktor für die gestörte Entwicklung des Kindes ausmachen kann. Dies ist um so trauriger und ärgerlicher, als man vermuten kann, daß eine kurzzeitige therapeutische Begleitung der Kinder kranker Eltern oder nur eine psychologische Beratung der Familie diesem Risiko vorbeugen könnte.

Keineswegs darf man bei Kindern mit den Merkmalen einer reaktiven Bindungsstörung davon ausgehen, daß die Mutter egoistisch und gedankenlos ihr Kind vernachlässigt. Unsere Erfahrung ist eine andere. Man darf Eltern getrost glauben: Sie wollen für ihr Kind zunächst das Beste. Kaum eine Mutter will ein Kind vernachlässigen, und kaum eine Mutter liebt ihr Kind nicht. Leider aber gibt es verschiedenste äußere und innere Gründe, warum Eltern diese notwendige Fürsorge nicht gewährleisten können. Dazu zählen:

- Krankheit
- finanzielle Not
- schwierige soziale Bedingungen (z.B. soziale Isolation, Asylprobleme)
- schwere Beziehungsprobleme

Manche Eltern haben aus ihrer eigenen Familie nicht genügend emotionales oder sachliches Wissen über das, was Kinder brauchen, mitgebracht. Hier sollte unbedingt professionelle Hilfe in Anspruch genommen werden.

## Wieviel Zuwendung braucht ein Kind?

Eine Bindungsstörung kann aber auch von Faktoren hervorgerufen werden, die vom Kind ausgehen: Es gibt tatsächlich sogenannte »schwierige Kinder«, die sehr unruhig sind oder von ihrem Temperament her nur schwer Kontakt zu ihren Eltern aufnehmen können. Diese Kinder machen es den Eltern schwer, ihnen ihre emotionalen Bedürfnisse zu befriedigen. Die meisten Eltern haben ein gutes Gefühl dafür, wieviel Zuwendung angemessen ist. Sollte sich ein Kind nicht normal entwickeln, Fütter- oder Durchschlafstörungen haben oder sollten Sie als Eltern unsicher sein, ist eine Vorstellung beim Fachmann (siehe Seite 121f.) empfehlenswert.

Zur Therapie der reaktiven Bindungsstörung siehe Seite 136.

# Ursachen einer Angststörung

Was Angst ist und warum bzw. wovor Kinder Angst haben, wurde bereits auf Seite 10ff. und 22ff. ausgeführt. Wir haben dort gesehen, daß bestimmte Ängste entwicklungsbedingt und in gewissem Umfang »normal« sind. Doch eine Angststörung geht natürlich ganz erheblich über die »normale« Angstempfindung hinaus. Die Ursachen, die hierbei eine Rolle spielen, werden im folgenden erläutert.

Wenn Ihr Kind unter einer der beschriebenen Angststörungen leidet, werden Sie sich bereits gefragt haben:
• Woher kommen Angststörungen?
• Warum hat ausgerechnet mein Kind eine Angststörung?

Vielleicht haben Sie gehört oder gelesen, daß Probleme in der Familie zu Angststörungen führen können. Sie haben vielleicht

*Die Eltern sollten sich zunächst von Schuldgefühlen befreien.*

bereits nach Fehlern gesucht, die Sie in der Erziehung gemacht haben könnten. Oder Sie haben mit Schrecken auf gegenwärtige oder zurückliegende Familienprobleme geschaut und darin die Ursache für die Angst Ihres Kindes gesehen. Und nun machen Sie sich Vorwürfe. Doch davon sollten Sie sich zunächst befreien!

*Angststörungen bedeuten noch nicht, daß die Eltern in der Erziehung etwas falsch gemacht haben.*

Alle Eltern lieben ihr Kind und bemühen sich um die bestmöglichen Bedingungen für seine Entwicklung. Und aus diesem Grund sind natürlich alle Eltern sehr besorgt und auch enttäuscht, wenn eine psychische Störung bei ihrem Kind auftritt. Wenn Eltern schließlich Hilfe bei einem Kinderarzt oder Kinderpsychiater suchen, haben sie meistens bereits Vorstellungen von den Ursachen der psychischen Probleme ihres Kindes. Oft befürchten sie, Fehler bei der Erziehung gemacht zu haben, und plagen sich nun mit schmerzvollen Schuldgefühlen. Dabei muß man ganz deutlich sagen:

Angststörungen werden – wie die meisten psychischen Erkrankungen – meistens durch ganz verschiedene Faktoren gleichzeitig verursacht.

Zu diesen Faktoren zählen die Persönlichkeit des Kindes, belastende Erlebnisse in und außerhalb der Familie, Beziehungsprobleme in der Familie, genetische und biologische Faktoren.

## Faktoren, die eine Angststörung mitauslösen können

- Genetische Faktoren, d. h. Temperament und Anfälligkeit des Kindes
- Biologische Faktoren, d. h. Hormone und Neurotransmitter
- Familiäre Konflikte, z. B. Beziehungsprobleme in der Familie
- Belastungen innerhalb und außerhalb der Familie, z. B. Traumata

Diese Faktoren haben jeweils mehr oder weniger starken Einfluß auf die Entstehung einer Angststörung.

*Die Einsicht und das Verständnis der Eltern sind wichtig für die Besserung der Angststörung des Kindes.*

Bei behandlungsbedürftigen Angststörungen müssen die Eltern unbedingt die Gelegenheit erhalten, in einer ruhigen und vorwurfsfreien Atmosphäre ihre Vorstellungen von den Ursachen der Angststörung des Kindes mit einem Arzt oder Psychotherapeuten zu erörtern und neu zu verstehen. Dieser Prozeß braucht Zeit, wird aber von den meisten Eltern als große Erleichterung empfunden.

### Angst und Persönlichkeit – die Gene

Es ist gar nicht lange her, da hat man sich ein neugeborenes Kind als »Tabula rasa«, d. h. als ein Wesen vorgestellt, das Persönlichkeit (Gefühle, Eigenschaften, Verhalten) allein unter dem Einfluß und der Erziehung durch Familie und Gesellschaft entwickelt.

*Bei der Geburt verfügen Babys bereits über individuelle emotionale und intellektuelle Möglichkeiten sowie Charakteranlagen.*

Daß diese Vorstellung falsch ist, hat insbesondere die Säuglingsforschung der letzten 15 Jahre eindrucksvoll bestätigt. Säuglinge und Kleinkinder verfügen bereits über ein breites und individuell sehr unterschiedliches Spektrum an Verhaltensweisen und Eigenschaf-

**115**

ten, die angeboren sind, aber durch Erziehung und allgemeine gesellschaftliche Bedingungen noch erheblich verändert werden.

Bereits in den ersten Lebensmonaten kann ein Säugling seine schüchterne, zurückhaltende und eher ängstliche Haltung zeigen, die später möglicherweise Mitursache einer Angststörung wird. Angststörungen können erblich sein. Kinder von Eltern, die selbst unter einer Angststörung litten oder leiden, haben häufiger ebenfalls Angststörungen. Allerdings ist es sehr schwer, genau zu bestimmen, ob es wirklich so etwas wie »Angstgene« gibt, oder ob nicht vielmehr die Ängstlichkeit der Eltern auf das Kind übertragen wird (siehe Seite 34ff.).

### Angst und Hormone – biologische Ursachen

Im Gehirn gibt es verschiedene Bereiche, die für ganz bestimmte Aufgaben zuständig sind, zum Beispiel das Sprach- und das Atemzentrum. Die Bereiche des Gehirns, in denen sozusagen Angst entsteht (bei normaler Angst wie bei Angststörungen), sind Vorderhirn, Teile des Mittelhirns und des Hirnstammes.

Das Gehirn, das letztlich unser gesamtes Verhalten und Fühlen steuert, funktioniert unter anderem durch Nervenimpulse, die über Nervenbahnen vom Gehirn in alle Körperregionen und von diesen wieder zurück transportiert werden. Diese Nervenbahnen sind durch ein feines und unendlich kompliziertes Netzwerk miteinander verbunden. Die Verbindungsstellen der einzelnen Nervenbahnen miteinander nennt man Synapsen. Während die Nervenbahnen elektrische Impulse zur Fortleitung von Informationen verwenden, kommen in den Synapsen chemische Botenstoffe, die Neurotransmitter, zum Einsatz.

Kommt ein Impuls an einer Synapse an, wird ein Neurotransmitter freigesetzt. Dieser bindet an der gegenüberliegenden Nervenbahn an einen sogenannten Rezeptor, der wiederum einen Impuls in der nachfolgenden Nervenbahn freisetzt.

Diese Neurotransmitter spielen eine entscheidende Rolle bei mehreren nervlichen und psychischen Erkrankungen, so auch bei den Angststörungen. Neurotransmitter können beispielsweise in zu geringer oder zu großer Menge vorhanden sein. Oder ein Neurotransmittersystem kann ein anderes überlagern und damit ein Ungleichgewicht erzeugen. Auch das vegetative Nervensystem (Sympatikus und Parasympatikus) kann »labil« sein, so daß man auf bestimmte Situationen etwa mit einer Panikattacke überreagiert. Wer Angst hat, reagiert mit schnellem Herzschlag, Schwitzen, schnellerer Atmung, evtl. Durchfall und Übelkeit, Zittern und möglicherweise Hautausschlag (siehe Seite 38f.). Das kann normal sein; jeder kennt solche Reaktionen. Bei einer Panikattacke tritt diese Reaktion jedoch auch ohne einen realen angstmachenden Auslöser auf – ganz plötzlich und überfallartig. Das Neurotransmittersystem löst dabei diese körperlichen Symptome aus. Die an der Entstehung von Angst beteiligten Neurotransmitter sind vermutlich Noradrenalin, Serotonin und andere.

*Vielfältige und spezifische chemische Reaktionen im Gehirn lösen die Symptome der Angst aus.*

Das Wissen um verschiedene Neurotransmitter, die an der Auslösung und den Symptomen von Angst beteiligt sind, hilft dem Arzt, bei Bedarf auch Medikamente gegen schwere Angststörungen einzusetzen (siehe Seite 136ff.). Solche Medikamente können Neurotransmitter blockieren oder verstärken und damit Angst vermindern.

*Medikamente wirken auf die Neurotransmitter und können damit Angstreaktionen unterbinden.*

Insbesondere bei der Panikattacke werden die oben genannten Prozesse als Hauptursache diskutiert, aber natürlich spielen bei allen Angstsymptomen (auch den normalen) Hormone und Neurotransmitter eine Rolle. Daher ist auch im Prinzip bei allen Angststörungen ein medikamentöser Therapieversuch möglich.

Bislang nicht geklärt ist, ob Transmitterveränderungen von sich aus entstehen und dann zum Beispiel zu Angst führen oder ob sie eine Folge von Angst sind und später zur Verstärkung und zum Bestehenbleiben der Angst beitragen. Diese biologischen Zusammenhänge sind schwer zu verstehen und auch noch nicht vollständig erforscht.

Wichtig zu wissen ist:
- daß es einen engen wechselseitigen Zusammenhang zwischen psychischen Vorgängen (normale wie auch »gestörte«) und den Veränderungen im Neurotransmitter- und Hormonsystem gibt,
- daß Ungleichgewichte von Hormon- und Neurotransmittersystemen an der Entstehung von Angst beteiligt sind,
- daß Erkenntnisse in der Hormon- und Neurotransmitterforschung zur Herstellung wirksamer, spezifischer und nebenwirkungsärmerer Medikamente gegen psychische Störungen geführt haben.

### Angst und Trauma

Traumata wie Scheidung, Krankheit, Tod, Gewalterfahrungen, Unfälle, Krieg und Verfolgung können bei allen Menschen und insbesondere bei Kindern zu ängstlichen Reaktionen führen. Ob man ein solches Trauma überwindet oder ob es zu einer chronischen Angststörung führt, hängt zum großen Teil von den familiären

*Um ein Schweres Trauma zu überwinden, ist oft professionelle Hilfe nötig.*

Bewältigungsmechanismen ab. Manche Traumata können aber auch unter optimalen familiären Umständen nur mit zusätzlicher professioneller Hilfe bewältigt werden.

## Angstbewältigung in der Familie

Ist Angst ansteckend? Ja! Alle emotionalen Grundhaltungen und Reaktionen der Eltern werden vom Kind zeitweise nachgeahmt, so auch die Angst. Zudem identifizieren sich Kinder mit ihren Eltern: Nicht nur, daß Kinder zeitweise denselben Beruf erlernen wollen wie ein Elternteil oder manche Einstellung der Eltern übernehmen, sie identifizieren sich auch mit den emotionalen Möglichkeiten und Schwierigkeiten der Eltern. Letzteres ist für die Entwicklung eines Kindes von sehr großer Bedeutung; hiervon hängt seine Fähigkeit ab, ein lebens- und liebesfähiger Mensch zu werden.

*Wie die Eltern so die Kinder – das gilt auch für den Umgang mit Angst.*

### Beachten Sie

**Nicht selten litten Eltern von Kindern mit Angststörungen in ihrer Kindheit selbst unter Trennungsangst, Phobien oder anderen Angstphänomenen oder leiden heute noch daran.**

Häufig aber sind die ängstlichen Gefühle der Eltern gar nicht unbedingt die Ursache der Angststörung ihres Kindes, sondern tragen vielmehr zur Verschlimmerung einer bestehenden Angstreaktion oder Angststörung bei. Ein möglicher und gar nicht seltener Teufelskreis bei Trennungsangst könnte beispielsweise so aussehen:

Das Kind reagiert mit vermehrtem Unbehagen auf eine Trennung von seinen Eltern, nachdem vielleicht ein Elternteil eine schwere, lebensbedrohliche Krankheit oder eine ähnlich bedrohliche Situation durchgestanden hat. Auf diese zunächst normale, ängstliche Reaktion des Kindes reagieren Eltern möglicherweise unsicher. Sie wissen nicht, wie sie mit der Angst ihres Kindes umgehen sollen. Dies verstärkt die Unsicherheit des Kindes, und ein Teufelskreis entsteht, wobei sowohl Eltern als auch Kind einander wechselseitig verunsichern und ängstigen.

Ein weiterer Mechanismus, der eine Angststörung verschlimmert oder auch ihr Entstehen begünstigt, ist folgender:

Zu hohe Erwartungen an das Kind, etwa im schulischen oder sportlich-musischen Bereich, können neben vielen anderen Überforderungsreaktionen (Schwierigkeiten im Sozialverhalten oder Aufmerksamkeitsstörungen) auch eine Angststörung auslösen oder unterhalten. Neben den allgemeinen Leistungsüberforderungen können auch Teilleistungsstörungen (Lese-Rechtschreib-Schwäche) zu allgemeinen Angststörungen oder Schulangst führen (siehe Seite 91).

> Zu hohe familiäre Erwartungen können Versagensängste auslösen.

## Beachten Sie

Grundsätzlich können alle Angststörungen durch sehr verschiedene emotionale Schwierigkeiten in der Familie ausgelöst oder aufrechterhalten werden. Dazu zählt neben Eheproblemen und Beziehungsschwierigkeiten mit dem Kind auch jede Art von akutem oder chronischem seelischem Trauma (Krankheit, Tod, lange Trennungen usw.).

Als bemerkenswerter Sonderfall sei noch erwähnt, daß Kinder, denen aufgrund fehlender Grenzsetzungen der Eltern sehr viel »Freiheit« und Eigenverantwortung zufällt, nicht selten sowohl überängstlich als auch mit Wutfällen reagieren. Man geht davon aus, daß »zuviel Macht« und von den Eltern nicht aufgefangene und begrenzte Gefühlsausbrüche Kinder ängstlich machen und in ihrer Entwicklung hemmen.

# Behandlung von Angststörungen

## Wann ist eine Behandlung notwendig?

Wenn das Kind sehr ängstlich ist oder die Eltern vielleicht sogar eine Angststörung vermuten, stellt sich natürlich die Frage, wie man sich verhalten und wann man das Kind einem Kinderarzt oder Psychologen vorstellen sollte. Im folgenden finden Sie einige Empfehlungen, wann Sie professionelle Hilfe in Anspruch nehmen sollten.

Lesen Sie auch im Kapitel »Was können die Eltern tun« (siehe Seite 74ff.) nach. Dort finden Sie Hilfen für den Umgang mit Angst im Alltag und ängstlichen Kindern, unabhängig davon, ob zusätzlich professionelle Hilfe notwendig wird. Nehmen Sie die folgenden Fragen als Grundlage für Ihre Entscheidung, ob Sie Ihr Kind einem Arzt oder Psychologen vorstellen wollen.

### Fühlen Sie sich unwohl, ängstlich oder unsicher im Umgang mit Ihrem ängstlichen Kind?

Diese Frage ist von besonderer Bedeutung. Ihre Sicherheit und der Abbau Ihrer Ängstlichkeit sind für die Entwicklung des ängstlichen Kindes besonders wichtig. Vielleicht steht im Moment Ihre eigene Unsicherheit im Vordergrund, und das Kind hat mit seiner Ängstlichkeit gar keine großen Probleme. In einem solchen Fall können Sie sich auch erst einmal allein beraten lassen. Schon damit helfen Sie Ihrem ängstlichen Kind.

Beobachten Sie genau das Verhalten Ihres Kindes.

### Beeinträchtigt die Ängstlichkeit oder Angststörung die Entwicklung Ihres Kindes?

Vergleichen Sie Ihr Kind mit Geschwistern oder anderen Kindern gleichen Alters in Ihrem Bekanntenkreis, oder fragen Sie Lehrer und vielleicht Eltern von Freunden Ihres Kindes. Überlegen Sie in diesem Zusammenhang auch, ob sich Ihr Kind anders weiterentwickelt als früher.

**Beeinträchtigt die Ängstlichkeit oder Angststörung den Alltag Ihres Kindes?**

Vergleichen Sie hier ebenfalls Ihr Kind mit Geschwistern oder anderen Kindern gleichen Alters in Ihrem Bekannten- und Freundeskreis. Sehr hilfreich ist es auch, wenn Sie Lehrer und vielleicht die Eltern von Freunden des Kindes fragen. Hat das Interesse oder das Konzentrationsvermögen Ihres Kindes in der Schule, bei Hobbys oder im Umgang mit Freunden nachgelassen?

**Leidet Ihr Kind unter verschiedenen körperlichen Symptomen (Bauchschmerzen, Kopfschmerzen usw.), für die sich keine somatischen Ursachen finden lassen?**

Nicht selten empfehlen Kinderärzte in diesen Fall ein beratendes und diagnostisches Gespräch bei einem Kinderpsychiater oder -psychologen.

Wenn Sie eine dieser Fragen mit »ja« beantworten, sollten Sie sich einen Termin bei einem niedergelassenen Kinder- und Jugendpsychiater, Schulpsychologen oder anderen Kinderpsychotherapeuten (siehe auch Seite 123f.) geben lassen.

## Wichtig

Neben den eindeutigen Kriterien wie Schulverweigerung oder erheblicher Beeinträchtigung in Entwicklung und Alltag des Kindes ist immer auch Ihr Gefühl für die weitere Vorgehensweise entscheidend! Wenn Sie den Wunsch nach einem beratenden Gespräch haben, das Ihnen mehr Sicherheit im Umgang mit Ihrem ängstlichen Kind geben kann, nehmen Sie Hilfe in Anspruch. Lassen Sie sich nicht von den vielen negativen Vorbehalten gegenüber Psychotherapeuten verunsichern. Die Hilfe, die Sie in Anspruch nehmen, kommt Ihrem Kind zugute!

## *Arzt oder Psychologe – wer hilft wann?*

Grundsätzlich empfehlen wir Ihnen natürlich, bei Schwierigkeiten Ihres Kindes zu einem Therapeuten zu gehen, der auch Erfahrungen mit Kindern und Jugendlichen hat.

• Hören Sie sich um, und fragen Sie den Therapeuten nach seinen Erfahrungen.
• Beurteilen Sie einen Therapeuten nicht nur nach seinem Titel.
• Prüfen Sie, ob Sie Ihrem Therapeuten vertrauen können und ob Ihr Kind gern hingeht.

In den meisten Therapien gibt es schwierige Phasen, in denen Ihr Kind seinen Therapeuten vielleicht ablehnt, aber im großen und ganzen sollte ein Kind gern zur Therapie gehen. Nicht jeder Psychotherapeut kann mit jedem Patienten arbeiten, und nicht jedes Kind ist ein »zu schwieriger Fall«, wenn ein Therapeut die Therapie ablehnt oder abbricht. Manchmal muß man zwei bis drei Therapeuten kennenlernen, bevor man sich für einen entscheidet.

Im folgenden werden die Berufsbilder verschiedener Therapeuten vorgestellt, wie Psychiater, Nervenarzt, Psychologe und Psychotherapeut. Aus jedem Berufsbild können Sie Schwerpunkte der Ausbildung entnehmen und somit einschätzen, welcher Spezialist in Ihrem Fall am besten helfen kann.

*Verschaffen Sie sich einen Überblick, wer Ihrem Kind helfen könnte.*

### Psychiater

Ein Psychiater ist immer Arzt und für die psychischen Störungen des Erwachsenenalters zuständig. Er hat Medizin studiert und (zumindest heutzutage) eine mindestens vierjährige Facharztausbildung absolviert – zu einem großen Teil in einer psychiatrischen Klinik. Er muß ein Jahr in der Neurologie gearbeitet haben. Zusätzlich absolvieren viele Psychiater eine Psychotherapeuten-Ausbildung. Dann lautet ihr Titel z. B. Dr. Müller, Psychiater, Psychotherapie. Der neue Facharzt dagegen heißt Facharzt für Psychiatrie und Psychotherapie. In welchem psychotherapeutischen Verfahren

**123**

diese Weiterbildung allerdings erfolgte (z. B. Psychoanalyse, tiefen-psychologisch orientiert, Verhaltenstherapie), ist in dieser Weiter-bildung nicht festgelegt (siehe auch Seite 125).

### Arzt für Nervenheilkunde

Ein Arzt für Nervenheilkunde (Nervenarzt) ist ebenfalls immer ein Arzt. Nach dem Medizinstudium hat er mindestens drei Jahre in der Psychiatrie und mindestens drei Jahre in der Neurologie gear-beitet, davon einen großen Teil in Kliniken. Er hat sich also sowohl mit körperlichen Erkrankungen des Gehirns und des übrigen Ner-vensystems als auch mit seelischen Erkrankungen beschäftigt. Auch ein Nervenarzt ist nicht automatisch Psychotherapeut (siehe oben), sondern hat in der Regel eine psychotherapeutische Zusatz-ausbildung absolviert.

### Psychologe

Ein Psychologe hat Psychologie studiert. In diesem Studium geht es unter anderem neben der klinischen Psychologie (seelische Leiden des Menschen) um pädagogische Psychologie, Arbeits-, Betriebs- und Organisationspsychologie, diagnostische Methoden, For-schungsmethoden und Interventionsmethoden. Auch ein Psycho-loge ist nicht automatisch Psychotherapeut (siehe oben), denn das Studium enthält keine Psychotherapie-Ausbildung. Viele Psycholo-gen haben wie Psychiater zusätzlich eine Psychotherapie-Ausbil-dung gemacht und in einer psychiatrischen oder psychotherapeuti-schen Klinik gearbeitet. Diese Psychologen tragen den Titel »Klini-sche Psychologen«.

Sowohl Fachärzte als auch Psycho-logen kommen als Therapeuten in Frage.

Psychologen dürfen keine Medikamente verschreiben. Bis vor kurzem durften Psychologen nur vom Arzt überwiesene Patienten psychotherapeutisch behandeln. Daher mußte man, um bei einem Psychologen eine Therapie zu machen, vorher einen Arzt aufsu-chen. Nach dem neuen Psychotherapeutengesetz muß, wer eine Psychotherapie beginnen will, zwar weiterhin einen Arzt aufsu-chen, damit körperliche Ursachen für die psychischen Probleme ausgeschlossen werden können, aber Psychologen können wie Ärzte direkt mit den Krankenkassen abrechnen.

## Psychotherapeut

Ein Psychotherapeut muß in den klassischen Verfahren (Psycho-analyse oder Verhaltenstherapie) entweder Arzt oder Psychologe sein. Eine Ausnahme sind die Kinder- und Jugendlichen-Psycho-therapeuten, die auch vor ihrer Weiterbildung ein Pädagogik- oder Sozialpädagogikstudium absolviert haben können. In manchen Psychotherapie-Richtungen werden auch Lehrer und Angehörige anderer Berufsgruppen zugelassen. Eine Psychotherapie-Ausbil-dung ist also eine Zusatzausbildung. Es gibt sehr verschiedene Psy-chotherapie-Ausbildungen. Dazu zählen:

- Psychoanalyse (Erwachsene, Kinder- und Jugendlichentherapie)
- Verhaltenstherapie
- Gestalttherapie
- Körperorientierte Therapien (konzentrative Bewegungstherapie, Tanztherapie)
- Psychodrama usw. (siehe auch Seite 128ff.)

*Verschiedene Psycho-therapie-Ausbildungen*

## Kinder- und Jugendpsychiater

Ein Kinder- und Jugendpsychiater hat eine spezielle Facharztaus-bildung absolviert, die mindestens drei Jahre in der kinder- und jugendpsychiatrischen Abteilung einer Klinik und ein Jahr entwe-der in Erwachsenenpsychiatrie oder Kinderheilkunde einschließt. Er ist nicht automatisch Psychotherapeut, allerdings ist im neuen Facharzt-Titel »Facharzt für Kinder- und Jugendpsychiatrie/ Psy-chotherapie« eine Psychotherapie-Ausbildung mit eingeschos-sen.

## Schulpsychologe

Für Psychologen gibt es keinen speziellen Titel wie etwa Kinder- und Jugendpsychologe. Dennoch haben viele Psychologen dieselbe klinische Erfahrung und Ausbildung wie ein Kinder- und Jugend-psychiater. Ausgeklammert bleibt immer die medikamentöse Therapie, die nur von Ärzten durchgeführt werden darf. Schulpsychologen sind an Schulen arbeitende Psychologen.

### Kinder- und Jugendlichen-Psychotherapeut

Ein Kinder- und Jugendlichen-Psychotherapeut hat in der Regel eine Psychotherapieausbildung genossen, die speziell für Kinder und Jugendliche oder Familien angelegt ist. Dazu zählen:
• analytische Kinder- und Jugendlichentherapie
• systemische Familientherapie usw.

### Der Besuch beim Kinderpsychiater

Zu einem Kinderpsychotherpeuten, Kinderpsychiater oder einem in Kinderpsychotherapie erfahrenen Psychologen (im folgenden nur noch Kinderpsychiater genannt, siehe auch Seite 125) können das Kind, die Eltern, nur ein Elternteil oder auch die ganze Familie gehen. Es gibt keine festen Bedingungen.

Bei den ersten Kontakten geht es vor allem um die Diagnostik, also die Erfassung des Problems. Gemeinsam wird man versuchen, die Schwierigkeiten genau zu benennen:
• Welche Schwierigkeiten bestehen genau (wann tritt Angst auf, wovor usw.)?
• Seit wann oder wie lange bestehen die Probleme?
• Lassen sich die Ursachen erkennen (Trauma, Familienprobleme, Persönlichkeit)?
• Gibt es andere Ursachen, die ausgeschlossen werden müssen (bei Kopfschmerzen oder Magenschmerzen z. B. körperliche Ursachen)?
• Und am wichtigsten: Wer leidet worunter?

Diese Problemfindung erfolgt in gemeinsamen Gesprächen. Häufig geht die Erforschung der Ursachen nahtlos in eine Beratung über: »Was können Sie tun?« In diesen Stunden wird von Ihnen gemeinsam entschieden, ob vielleicht eine Psychotherapie des Kindes oder der Familie sinnvoll ist. Diese diagnostischen Gespräche

*Bereiten Sie sich auf den ersten Besuch beim Therapeuten gut vor.*

sollten in einem ruhigen und vorwurfsfreien Klima von seiten des Kinderpsychiaters geführt werden.

Manchmal sind zusätzlich psychologische Tests mit dem Kind sinnvoll und notwendig. Diese Tests erfolgen in der Regel bei jüngeren Kindern in spielerischer Form; bei älteren Kindern und Jugendlichen in einem Gespräch (z. B. diagnostische Interviews).

## Psychotherapeutische Behandlungsverfahren

Wenn die Selbsthilfemaßnahmen gegen die Angst nicht ausreichen bzw. der Kinderpsychologe eine Angststörung diagnostiziert hat, stehen für eine Therapie verschiedene Ansätze zur Verfügung. Die Auswahl der psychotherapeutischen Behandlungsverfahren ist sehr groß. Gemeinsame Ziele aller Verfahren sind:

- Verminderung der Angst des Kindes und der Familie.
- Therapie der negativen Folgen der Angst des Kindes für den Alltag (z. B. sollte das Kind wieder zur Schule gehen, sein Hobby ausüben, mit Gleichaltrigen spielen können).
- Von entscheidender Bedeutung ist es, auch die negativen Folgen für die Entwicklung des Kindes zu beseitigen. Idealerweise sollte eine Psychotherapie die positiven Kräfte und Stärken des Kindes von den »Fesseln der übermäßigen Angst« befreien, damit es sich angemessen entwickeln kann.
- Stärkung der Familie, damit der Entwicklung von Angststörungen in der Zukunft vorgebeugt wird (Prävention).

*Ziele psychotherapeutischer Behandlungsverfahren*

### Beachten Sie

Die Verminderung der Angst und die Vermeidung von negativen Folgen für den Alltag (z. B. Schulverweigerung) sind kurzfristige Ziele, während die Freisetzung von Entwicklungskräften und die Stärkung der Familie eher langfristige Ziele sind.

### Psychotherapie

*Psychotherapie ist ein Sammelbegriff für viele, teilweise auch spekulative Methoden.*

Dieser Ausdruck ist ein Sammelbegriff für viele unterschiedliche Methoden. Ihnen allen gleich ist der Versuch, seelisches Erleben und das daraus resultierende Verhalten zu verändern. Nicht alle Methoden sind wissenschaftlich abgesichert. Es gibt einen großen und unübersichtlichen Markt teilweise spekulativer oder esoterischer Methoden. Die wichtigsten und anerkannten Psychotherapieverfahren werden bei den entsprechenden Krankheitsbildern (siehe Seite 131ff.) abgehandelt. Im folgenden werden einige allgemeine Wirkprinzipien der Psychotherapie beschrieben.

### Verhaltenstherapie

Grundsätzlich gibt es zwei Formen der psychotherapeutischen Herangehensweise, mit denen seelische und/oder Verhaltensänderungen bewirkt werden sollen. Die eine, die Verhaltenstherapie, geht davon aus, daß die wichtigste zu verändernde Größe das Verhalten ist. Es ist bei verhaltensgestörten oder in unserem Fall ängstlichen Kindern fehlerhaft gelernt worden und muß durch eine spezielle Herangehensweise neu gelernt bzw. altes Verhalten verlernt werden.

### Beispiel: Hundephobie im Kindesalter

Ein phobisches Kind hat – ausgelöst zum Beispiel durch einen plötzlichen großen Schreck – »gelernt«, daß Hunde laut bellende und schreckliche Tiere sind. Es geht nun darum, wie es den Schreck wieder verlernen bzw. neu lernen kann, daß Hunde – in der Regel – liebenswerte Tiere sind.

Natürlich gehen auch Verhaltenstherapeuten davon aus, daß ein Kind aus mehr Anteilen besteht als nur seinem Verhalten, sozusagen dem sichtbaren Teil der Seele. Allerdings messen sie Lernprozessen im weitesten Sinn mehr Bedeutung zu als therapeutischen Prozessen durch Beziehung.

**Beachten Sie**

Wirksam im Rahmen einer Verhaltenstherapie ist das Erlernen und Einüben neuer Verhaltensweisen, neuer Strategien im Umgang mit ängstigenden Situationen oder Objekten – immer auf der Basis einer vertrauensvollen Beziehung zum Therapeuten.

### Tiefenpsychologische Therapie

In den sogenannten tiefenpsychologischen oder psychoanalytischen Therapieverfahren liegt der Schwerpunkt stärker auf psychischen Vorgängen in Beziehungen. Hier versucht man, die Entstehung eines Symptoms zu verstehen und herzuleiten, wo die übermäßige Angst eines Kindes herrührt. Es geht nicht in erster Linie um das Verhalten an sich, aber auch nicht um Schuldzuweisungen in dem Sinne, daß zum Beispiel der Vater »schuld« hat, weil er dem Kind immer wieder vermittelt hat, es dürfe keine Angst haben, oder die Mutter, weil sie selber überängstlich ist. Wenn sich alle Beteiligten – Kind, Eltern und Therapeut – auf einen gemeinsamen Prozeß des Versuches eines Verstehens einlassen, ist die Basis für Veränderungen gelegt.

*Die tiefenpsychologische Therapie befaßt sich vor allem mit psychischen Vorgängen in den Beziehungen der Beteiligten.*

Manche Hypothesen, auf die sich ein tiefenpsychologischer oder analytischer Pychotherapeut stützt, sind im Laufe der vorangegangenen Kapitel beschrieben worden (z.B. das Unbewußte oder Abwehr). Sie lassen sich nicht mechanistisch anwenden, sondern es ist in jedem Einzelfall eine Überprüfung und Anpassung an die jeweilige Situation notwendig. Jedes Kind, jedes Familienmitglied lebt in einer wirksamen Psychodynamik, in einem komplexen Wirk- und Wechselspiel unterschiedlicher und gleichzeitig bestehender Beziehungen, die sich gegenseitig beeinflussen.

Im Verlauf einer tiefenpsychologischen Therapie, die sich über längere Zeit erstrecken kann, können immer wieder schmerzhafte Erkenntnisse auftauchen.

## Besonders wichtig: die Beziehung zum Therapeuten

Wirksam in einer tiefenpsychologischen oder psychoanalytischen Psychotherapie ist die Beziehung zum Therapeuten. In ihr kann deutlich werden, was das Kind oder andere Familienmitglieder miteinander und in der eigenen Lebensgeschichte erlebt haben und in welchem Maße es zu Verzerrungen des Erlebens (z. B. übermäßiger Angst) und der Wahrnehmung (z. B. einer Mutter, die beständig übermächtige Gefahren für ihr Kind sieht) und daraus resultierendem Verhalten gekommen ist. Dadurch wird ein Verstehen möglich – und die Kinder können mit Hilfe des Therapeuten schädliche Erfahrungen korrigieren bzw. fehlende Erfahrungen nachholen.

### Familientherapie

Eine in der Kinder- und Jugendpsychiatrie besonders wichtige Therapieform ist die Familientherapie. Hier ist die gesamte Familie der Patient. Diese Therapieform ist immer dann wichtig, wenn die Ängste des Kindes ihre Ursachen im Familiensystem haben. Sie kann allerdings nur gelingen, wenn alle beteiligten – auch die Geschwister – damit einverstanden sind.

### Andere Therapieformen

Viele weitere Formen der Psychotherapie haben sich wesentlich aus den beiden genannten »Urformen« der Psychotherapie entwickelt und wurden spezifischen Anforderungen angepaßt; zum Beispiel die Spieltherapie, die sich mit Kindern beschäftigt, mit denen eine wesentlich auf die sprachliche Äußerung bezogene Therapieform nicht sinnvoll ist.

Nicht jede Therapieform ist wissenschaftlich anerkannt.

Da viele Bezeichnungen, auch Berufsbezeichnungen, im Bereich der Psychotherapie nicht geschützt sind und die menschliche Seele ein Feld ist, auf dem viele Menschen naturgemäß das Gefühl haben, sich gut auszukennen, gibt es eine Reihe von weniger seriösen Außenseitermethoden bis hin zu reiner Esoterik.

**Fassen wir zusammen**

- Neben fachlicher Kompetenz ist eine wichtige, wenn nicht entscheidende Grundlage das Vertrauen zwischen Patient und Therapeut.
- Aus den zwei Urformen der Psychotherapie, der Verhaltenstherapie und der Psychoanalyse, sind eine Vielzahl von anerkannten Therapieformen hervorgegangen.
- Daneben gibt es einen großen Markt an weniger seriösen Methoden.

## Therapie einzelner Angststörungen

Grundsätzlich können bei jeder Angststörung ganz verschiedene Verfahren zur Anwendung kommen. Jeder Fachmann wird entsprechend der eigenen Ausbildung und Orientierung etwas anders arbeiten. Man kann derzeit nicht sagen, ob zum Beispiel bei Trennungsangst Verhaltenstherapie oder ein psychoanalytisch orientiertes Verfahren besser ist. Im folgenden werden die grundlegenden Prinzipien für die Behandlung bestimmter Angststörungen vorgestellt.

*Bei jeder Angststörung können verschiedene Therapieverfahren zur Anwendung kommen.*

### Trennungsangst

Zunächst wird Ihnen ein Fachmann helfen, den Zusammenhang zwischen beispielsweise Schulverweigerung oder Bauchweh und Trennungsangst bei Ihrem Kind verständlich und nachfühlbar zu machen.

#### Tiefenpsychologische Therapie

In einer tiefenpsychologischen Therapie oder Familientherapie werden Sie möglicherweise Zusammenhänge zwischen Ihren Ängsten (z. B. Phantasien, was Ihrem Kind alles zustoßen könnte, wenn Sie es allein lassen) und der Angst Ihres Kindes entdecken und abbauen können. Es kann versucht werden, auch andere

**131**

Störungen in der Beziehung zwischen Ihnen und Ihrem Kind wahrzunehmen und abzubauen.

### Verhaltenstherapie

In einer verhaltenstherapeutischen Behandlung können Sie dazu beitragen, daß Ihr Kind lernt, daß die Trennung von Ihnen keine so furchtbare Erfahrung ist, wie es befürchtet. Unter Anleitung des Therapeuten können Sie Ihrem Kind schrittweise mehr Trennung zumuten. Manchmal ist zusätzlich ein Entspannungsverfahren sinnvoll.

In seltenen Fällen ist ein Klinikaufenthalt für das Kind notwendig; hier werden in einem therapeutischen Milieu ebenfalls die bereits erwähnten Verfahren angewendet.

### Beachten Sie

Insbesondere die tiefenpsychologischen Ansätze benötigen eine gewisse Zeit (Monate, selten Jahre). Sie sollten möglichst mit den verhaltenstherapeutischen Ansätzen kombiniert werden. In weniger schweren Fällen reicht eine Beratung aus, wie Trennung schrittweise gesteigert und weniger angstvoll erlebt werden kann. Dies dauert nur wenige Wochen.

### Generalisierte Angststörung

Steht die Angststörung in Zusammenhang mit einer andauernden Überforderung (z. B. in der Schule, Teilleistungsstörungen, siehe Seite 87), sollten Sie in Familiengesprächen oder einer Familientherapie die Gelegenheit haben, Ihre Erwartungen an das Kind zu überdenken und an die Realität anzupassen. Dies kann ein längerer und manchmal schmerzlicher Prozeß sein.

Das Kind muß das Gefühl bekommen, daß es um seiner selbst willen geliebt wird, und nicht nur dann, wenn es gute Leistungen erbringt. Es muß wissen, daß es so angenommen wird, wie es ist.

Setzen Sie die Erwartungen an die Leistungsfähigkeit des Kindes in verschiedenen Bereichen (Schule, Hobbys) auf ein realistisches Maß herab; dadurch werden sich mit großer Wahrscheinlichkeit die Angstsymptomatik und die familiäre Atmosphäre bessern.

In einem vorwurfsarmen Klima können Sie in Familiengesprächen und Ihr Kind in Einzelgesprächen auch andere Belastungen, die mit den Ängsten in Verbindung stehen, erkennen und bearbeiten. Es besteht außerdem die Möglichkeit, die Angst des Kindes zusätzlich mit Entspannungsverfahren, Spieltherapie oder Rollenspielen in Gruppentherapien mit Gleichaltrigen und in Einzeltherapien zu verringern.

*In der Therapie wird das Selbstwertgefühl des Kindes gestärkt.*

In der Therapie kann es darum gehen, daß das Kind auch besser versteht, wovor und warum es Angst hat. Dies ist aber nicht immer notwendig. Vielmehr hilft eine gute Beziehung zum Therapeuten, in der neue Sicherheit, Selbstwertgefühl und damit weniger Angst gefühlt und verankert werden können.

## Posttraumatische Belastungsstörung – ängstliche Anpassungsreaktion

Diese Störungen entwickeln sich nach einer traumatischen Situation in der Regel über einen längeren Zeitraum. Um das Ausmaß einer posttraumatischen Belastungsstörung oder einer Anpassungsstörung zu vermindern, können Eltern und Fachleute vorbeugende Maßnahmen einleiten. Beispielsweise könnten die Kinder in Schulen nach dem tragischen Unfall eines Mitschülers die Gelegenheit erhalten, mit einzelnen Lehrern in regelmäßigen Gruppengesprächen ihren Gefühlen Ausdruck zu verleihen. Am negativsten wirkt sich ein »Totschweigen« des Geschehens aus – das gilt für jedes belastende Ereignis, vor allem auch in der Familie.

133

## Grundlegende Prinzipien einer Behandlung

- Jedes Kind reagiert unterschiedlich auf ein solches Trauma; es muß seine individuellen Gefühle und seine »Geschichte« mitteilen dürfen und verstanden werden. Neben Gesprächen können auch Malen, Schreiben von Gedichten oder Geschichten sowie Spielen zur Verarbeitung beitragen. Häufig geht es in der Verarbeitung des Traumas um die Gefühle der Hilflosigkeit oder die Schuldgefühle des »Opfers«. Diese Hilfestellung können auch die Eltern geben (siehe auch Seite 74ff.).
- Bei Scheidungen sollte vermieden werden, den Partner vor den Kindern allzusehr zu entwerten. Das mag verständlich sein, schadet aber dem positiven Elternbild des Kindes, das für seine Entwicklung dringend notwendig ist.
- In manchen Fällen ist ein Trauma so stark oder die Reaktion des Kindes so ausgeprägt, daß in jedem Fall fachliche Hilfe geboten ist.

> Ein Elternteam bleiben Sie lebenslang, auch wenn Sie geschieden sind.

Gruppen- und Familientherapie bieten sich an bei Traumata, die die ganze Familie betreffen oder eine spezielle Gruppe (eine Schulklasse). Die Ziele und Vorgehensweisen entsprechen meist den oben genannten Grundprinzipien.

Einzeltherapie in Form von Spieltherapie ist ein empfohlenes Verfahren zur Behandlung eines traumatisierten Kindes. Auch verhaltenstherapeutische Verfahren kommen zum Einsatz.

## Beachten Sie

Je schwerer das Trauma (z. B. Vergewaltigung, Unfall) oder je auffälliger die Reaktion des Kindes ist, desto eher sollten Sie einen Fachmann zu Rate ziehen.

## Phobien

Phobien können mit tiefenpsychologischer Psychotherapie oder mit verhaltenstherapeutischen Techniken behandelt werden. Bei der Verhaltenstherapie unterscheidet man zwischen den folgenden Verfahren:

### Desensibilisierung

Zunächst schaffen ein Entspannungstraining und die gute Beziehung zum Therapeuten eine möglichst angstfreie Atmosphäre. Dann wird die angstauslösende Situation, das Lebewesen (z. B. Spinne) oder das Objekt zunächst in möglichst harmloser Form in die Therapie eingeführt. Auftretende Ängste widersprechen der angstfreien Grundatmosphäre und der vertrauensvollen Beziehung zum Therapeuten und werden abgebaut. Nun wird der Kontakt mit den angstauslösenden Phantasien oder Lebewesen gesteigert und nach und nach in voller Stärke (z. B. mehrere große Spinnen) in die Therapie eingeführt, so daß die Angst »stückweise« abgebaut werden kann, bis sie »verlernt« wird.

Bei Phobien besonders wirksam sind verschiedene Verhaltenstherapien.

### Flooding

Beim Flooding = »Anfluten« wird der Patient mit der angstauslösenden Situation, dem Lebewesen oder dem Objekt in voller Stärke konfrontiert. (Ein berühmtes Beispiel ist Goethe, der seine Höhenangst durch einen Aufstieg auf einen etwas wackeligen Hochsitz beseitigt haben soll.) Im Vergleich zur systematischen Desensibilisierung ist das Flooding eine belastendere, aber sehr erfolgreiche Methode ab dem Jugendalter.

### Modeling

Für dieses Verfahren ist ebenfalls die vertrauensvolle Beziehung zum Therapeuten eine Voraussetzung. Der Therapeut begegnet der angstauslösenden Situation, dem Objekt oder Lebewesen ohne Angst. Dieses angstfreie Verhalten nimmt das Kind wahr, und schließlich wird es eingeladen, daran teilzunehmen und so seine Angst zu reduzieren.

## Weitere Behandlungsmethoden

Neben verhaltenstherapeutischen Verfahren, deren zumindest kurzfristige Wirksamkeit für die Therapie von einfachen Phobien nachgewiesen ist, kann zusätzlich oder ausschließlich eine Psychotherapie des Kindes sinnvoll sein, um die hinter den Phobien stehenden Konflikte (z. B. eine der Schulphobie zugrundeliegende Trennungsangst) zu erkennen und zu behandeln.

Bei der sozialen Phobie kommen zudem Gruppentherapien in Frage; dabei können beispielsweise in Rollenspielen soziale Kontakte mit anderen Kindern geübt und positiv erfahren werden.

### Reaktive Bindungsstörungen

Zu den verwendeten Verfahren und Prinzipien der Behandlung zählen eine Psychotherapie der Eltern, emotionale Zuwendung für das Kind, Beratung und Anleitung der Eltern im Umgang mit ihrem Kind (z. B. therapeutisches Spielen in Mutter-Kind-Gruppen), psychosoziale Beratung der Eltern, die auf das Erkennen und die Beseitigung von äußeren Belastungen abzielen (finanzielle Not, soziale Isolierung, Sprachprobleme etc.).

Eine Trennung von Eltern und Kind sollte nur als letzte Möglichkeit in Betracht gezogen werden, falls die Eltern eine Anleitung zum »Eltern-Sein« nicht erfolgreich aufgreifen können.

## Medikamentöse Behandlung

Manche Kinder mit Angststörungen profitieren nicht ausreichend von psychotherapeutischen Verfahren allein. Bei diesen Kindern haben Kinder- und Jugendpsychiater die Möglichkeit, zusätzlich Medikamente gegen die Angst zu verschreiben. Drei übergeordnete Gruppen von Medikamenten kommen grundsätzlich in Frage:

- Antidepressiva (Medikamente gegen Depressionen)
- Anxiolytika (Medikamente gegen Angst, meist Benzodiazepine oder Buspiron)
- Beta-Blocker

**Wichtig**

**Alle Medikamente dürfen nur unter sorgfältiger Kontrolle durch einen Facharzt eingesetzt werden.**

Sollte Ihnen Ihr Arzt zur unterstützenden Behandlung Ihres Kindes ein Medikament vorschlagen, lassen Sie sich sorgfältig über mögliche Wirkungen und Nebenwirkungen aufklären. Sie werden im folgenden wahrscheinlich über die lange Liste von teilweise gefährlichen Nebenwirkungen erschrecken. Häufig ist auch die Wirkung des Medikaments gegen die Angst sehr umstritten. Daher sollten Sie mit Ihrem Arzt sorgfältig abwägen, ob ein Medikament angesichts der möglichen Nebenwirkungen und umstrittenen Wirkung überhaupt sinnvoll ist.

*Die Verordnung eines Medikaments muß sorgfältig erwogen werden.*

Dennoch kann bei einigen Kindern mit schweren Angststörungen trotz aller Widersprüche ein zusätzlicher Behandlungsversuch mit einem Medikament sinnvoll sein.

Halten Sie sich in jedem Fall an die mit dem Arzt vereinbarten Dosierungen. Setzen Sie niemals ein Medikament einfach ab, ohne mit Ihrem Arzt gesprochen zu haben. Selbstverständlich dürfen Sie entscheiden, daß Ihr Kind ein Medikament nicht weiter nehmen soll, aber beim plötzlichen Absetzen eines Medikaments kann es zu gefährlichen Entzugserscheinungen kommen (vor allem bei Benzodiazepinen). Haben Sie daher gegebenenfalls den Mut, dem Arzt Ihre Bedenken und Ihren Absetzungwunsch mitzuteilen, damit er Ihnen beim »richtigen« Absetzen helfen kann.

### Antidepressiva

Vor allem das Medikament Imipramin hat sich in manchen Fällen von Trennungsangst mit Schulverweigerung als effektiv erwiesen. Antidepressiva können auch deswegen sinnvoll sein, weil Angst und Depressivität bei Kindern und Jugendlichen näher beieinander liegen als bei Erwachsenen.

Dennoch sind die Ergebnisse von amerikanischen Studien zum Einsatz von Imipramin bei schwerer Trennungsangst widersprüchlich. Manche Autoren fanden Imipramin deutlich wirkungsvoll bei der Behandlung von Trennungsangst nach einer Behandlung von mindestens sechs Wochen. Andere Fachleute sahen in ihrer Studie keinen zusätzlichen Nutzen durch die Gabe von Imipramin.

Zu den Nebenwirkungen von Imipramin zählen Herz-Kreislauf-Störungen. Es treten vermehrt Herzrhythmusstörungen und Kreislaufschwierigkeiten auf (z. B. Schwindel beim Aufstehen). Daher sollte man vor der ersten Einnahme und während der Behandlung eine Kontrolle der Herzströme mit dem EKG (Elektrokardiogramm) durchführen. Andere Nebenwirkungen sind Müdigkeit, Angst, Schlaflosigkeit, Alpträume oder allgemeine Unruhe. Daher gibt es Fälle, in denen Imipramin zu einer Verschlimmerung der Angst führt!

*Falls Nebenwirkungen auftreten, sollten Sie sofort mit dem Arzt sprechen.*

Außerdem senkt Imipramin die sogenannte »Krampfschwelle«. Dazu muß man wissen, daß jeder Mensch grundsätzlich einen epileptischen Anfall erleiden kann. Die Umstände, die das Gehirn belasten, müssen aber sehr schwerwiegend sein, damit ein Krampf tatsächlich ausgelöst wird. Unter Antidepressiva reichen bei vorbelasteten Kindern und Jugendlichen (wie auch Erwachsenen) bereits geringere Belastungen aus, um einen Krampf auszulösen. Daher sollte man vor Einsatz dieses Medikaments die Hirnströme mit dem EEG (Elektroenzephalogramm) messen. Als weitere Nebenwirkungen können Mundtrockenheit, Verstopfung und verschwommenes Sehen aufgrund der Beeinflussung des vegetativen Nervensystems (Parasympatikus) auftreten.

## Benzodiazepine

Benzodiazepine wie Diazepam und Alprazolam sind bei Erwachsenen wirkungsvolle, sogenannte »angstlösende« Medikamente, die insbesondere zur Reduktion von Angst bei schweren Angststörungen, Depression und Schizophrenie verschrieben werden. Zusätzlich werden Benzodiazepine bei Schlafstörungen und Krampfleiden wirkungsvoll eingesetzt.

Benzodiazepine sind dadurch problematisch, daß sie sowohl zu körperlicher als auch zu psychischer Abhängigkeit führen können. Körperliche Abhängigkeit zeigt sich dadurch, daß es zu Entzugssymptomen beim Absetzen von Benzodiazepinen kommen kann, wenn man die Dosis des Medikaments nicht langsam reduziert («ausschleicht«). Diese Entzugssymptome äußern sich vor allem in Herz-Kreislauf-Symptomen, Schwitzen sowie körperlicher und psychischer Unruhe. In schweren Fällen kann es zu einem Delirium mit Krampfanfällen und schweren Wahrnehmungsstörungen kommen, die unbehandelt zum Tode führen können.

Eine durch die beruhigende und angstlösende Wirkung bedingte psychische Abhängigkeit ist vor allem für bereits Suchtkranke (Alkohol und andere Drogen) gefährlich.

Bei Kindern und Jugendlichen wird der Einsatz von Benzodiazepinen nur für eine Kurzzeittherapie von wenigen Wochen empfohlen, um schwere Angstsymptome oder Schlafstörungen, insbesondere schwere Formen nächtlichen »Hochschreckens« (Pavor nocturnus) zu vermindern.

Zu den Nebenwirkungen von Benzodiazepinen zählen vor allem Schläfrigkeit (Sedierung), Herabsetzung der Aufmerksamkeit und Störungen der Körperkontrolle. Bei schwerer Überdosierung können Verwirrung oder sogar Koma und schließlich Atemstillstand auftreten.

Über die möglichen Nebenwirkungen sollten Sie in jedem Fall vorab mit dem Arzt sprechen.

*Benzodiazepine sollten im Kindes- und Jugendalter nur äußerst zurückhaltend eingesetzt werden.*

Bei Kindern sind sogenannte »paradoxe Reaktionen« auf Benzodiazepine beschrieben worden: Dabei reagieren diese Kinder mit Erregungszuständen, Enthemmung, gesteigerter Angst, Schlafstörungen, Alpträumen und/oder Aggressivität. In diesen Fällen haben Benzodiazepine bei Angststörungen eine verschlimmernde Wirkung.

### Beta-Blocker

Beta-Blocker sind zunächst Medikamente zur Behandlung des Bluthochdrucks; sie hemmen einen Teil der durch Angst verursachten körperlichen Symptomatik, wie z. B. Herzklopfen, Bluthochdruck, Schwitzen. Die körperlichen Symptome werden vermindert, und als Folge entsteht subjektiv weniger Angst. Bei Kindern und Jugendlichen sollte man Beta-Blocker nur in den seltensten Fällen einsetzen.

### Einsatz von Medikamenten

- Medikamente sollten nur zusätzlich zu der psychotherapeutischen Behandlung eingesetzt werden. Dabei können sie allerdings sehr hilfreich sein. Diskutieren Sie die Vor- und Nachteile mit Ihrem Arzt.
- Wenn Sie die Medikamente Ihres Kindes absetzen wollen, haben Sie den Mut, dies mit Ihrem Arzt zu besprechen. Das Absetzen von Medikamenten muß, ebenso wie die Einnahme, vom Facharzt begleitet werden.

# Hilfreiche Adressen

Adressen von Ärzten, Psychologen und Therapeuten in Ihrer Gegend finden Sie im Branchentelefonbuch.

Auskünfte über geeignete Therapeuten in einer Stadt oder Region erhalten Sie auch beim:
Psychotherapie-Informationsdienst (PID) des Berufsverbandes Deutscher Psychologen
Heilsbacherstraße 22 · 53123 Bonn
Tel.: (0228) 74 66 99

Informationen, Adressen von Selbsthilfegruppen und Literaturhinweise zu verschiedensten Erkrankungen im Kindes- und Jugendalter erhalten Sie auch bei folgenden Institutionen:

Arbeitskreis Legasthenie
Waldstraße 3 · 82166 Gräfeling
Tel: (089) 8 54 19 08

Aschaffenburger Kindernetzwerk
Hanauer Straße 15 · 63739 Aschaffenburg
Tel.: (06021) 1 20 30 · Fax: (06021) 1 24 46

Berufsverband der Ärzte für Kinder- und Jugendpsychiatrie e.V.
Lütticher Straße 512 A · 52074 Aachen
Tel.: (0241) 7 39 60

Bundeskonferenz für Erziehungsberatung e.V.
Amalienstraße 6 · 90763 Fürth
Tel.: (0911) 9 77 14 - 0

Bundesverband Legasthenie
Königstraße 32 · 30175 Hannover
Tel: (0511) 31 87 38

Bundesverband Neue Erziehung e.V.
Am Schützenhof 4 · 53119 Bonn
Tel.: (0228) 66 40 55 57 · Fax: (0228) 66 77 93

Deutsche Gesellschaft für Kinder und Jugendpsychiatrie e.V.
Klinik und Poliklinik der Philipps-Universität
Hans-Sachs-Straße 6 · 35039 Marburg
Tel.: (06421) 28 53 34

Deutsche Gesellschaft für Psychiatrie, Psychotherapie und Nerven-
heilkunde e.V.
Geschäftsstelle
Josef-Stelzmann-Straße 9 · 50924 Köln
Tel.: (0221) 4 78 63 57 · Fax: (0221) 4 78 63 98

Deutsche Gesellschaft für Psychoanalyse, Psychotherapie, Psycho-
somatik und Tiefenpsychologie e.V.
Geschäftsstelle
Johannisbollwerk 20 · 20459 Hamburg
Tel.: (040) 31 92 66 19 · Fax: (040) 3 19 43 00

Deutscher Kinderschutzbund
Bundesverband e.V.
Schiffgraben 29 · 30159 Hannover
Tel.: (0511) 3 04 85 - 0

Mehr Zeit für Kinder e.V.
Fellnerstraße 12 · 60322 Frankfurt/Main
Tel.: (069) 1 56 89 60 · Fax: (069) 1 56 89 10

Nationale Kontakt- und Informationsstelle zur Anregung und
Unterstützung von Selbsthilfegruppen (NAKOS)
Albrecht-Achilles-Straße 65 · 10709 Berlin
Tel.: (030) 8 91 40 19

# Sachregister